子どもの能力を
つぶさない

イラッとした時の怒り言いかえ手帖

工藤いずみ
IZUMI KUDO

すばる舎

「小さなことで、
　子どもにイライラしてしまう自分が嫌」

「あんな言い方しなければよかった……と
　よく後悔する」

「私の育て方は間違っているんじゃないか、
　と不安になる」

「こんなにがんばっているのに、
　誰にもわかってもらえない」

「周りのママたちは、
　もっと余裕があるように見える」

「子どもが私の言うことを聞かなくなってきた」

「自分ならできるという力強さと、
　やり抜く力がある子になってほしい」

「あの子は学力があるのに、うちの子は……」

「どうすれば、AI時代を生き抜く、
　発想力とコミュニケーション力を
　育てられるのか……」

　本書は、こんな悩みがあるママのための本です。

はじめに

イラッとしたときが、子どもを成長させるチャンス!

　たくさんの本の中から本書を選んでいただき、ありがとうございます。

　今、本書を開いているということは、「子育てをもっと良いものにしたい」「子どもとの時間を楽しい時間にしたい」、そんなふうに思っているのではないでしょうか。

　日々忙しいなかで、こうやって本を読む時間を取ろうとしていること自体がすばらしいと思います。

「早くして!」「静かにしなさい!」「やめなさい!」

　子育てをしていると、イライラしてしまう自分に自己嫌悪してしまうことがありませんか?

「こんなに怒ってばかりで、私は母親として大丈夫なのかな……」、「もっと穏やかに接したいのに、つい声を荒げてしまう……」、「こんなはずじゃなかったのに……」。

　育児に悩むママたちの声を、私はこれまでたくさん聞いてきました。そして、私自身も同じように悩んできた一人です。

　でも、大丈夫。それだけ悩んでいるということは、子どものことを大切に想っている証拠。

　大好きな証拠ですし、愛がある証拠です。

　子どもを想うからこそ湧いてくる感情がある。

　そして、その**「怒り」という感情の「表現のしかた」**
を少し変えるだけで、子どもの成長をうながすことがで

きる。

　それを少しでも多くのママに知ってもらいたくて、本書を書くことにしました。

　イラッとしてしまったときこそ、子どもの能力を伸ばすチャンスです。本書では、日々のイライラを言いかえるポイントをお伝えしていきます。

● 親の怒りで子どもは能力を失っていく?

　世間では、「怒らない育児」や「ポジティブな声かけ」が大切だと言われることが多いですが、それを実践するのは簡単ではありません。

　なぜなら、私たち親も感情を持った人間だからです。「怒ってしまうことは悪だ」「怒らないようになりたい!」と思っているかもしれませんが、怒ることは決して悪いことではありません。

　むしろ、それは「自分の大切なものを守るための、自然な感情」です。

　ただ、その怒りをどう表現するかによって、子どもへの影響が大きく変わってきます。

　私は、「１００％天才として子どもは生まれてくる」と考えることが大事だと思っています。

　親が怒りをストレートに表現することで、子どもは萎縮し、自己肯定感を下げ、能力を失っていきます。

　天才だと考え、子どもを信じることで、「できるようになる」声かけ、能力を伸ばす教育ができます。

　本書では怒りをポジティブな形に変換し、子どもの非認知能力を育む具体的な言葉がけを紹介します。

● 0〜9歳に対応した109の言いかえフレーズ

非認知能力とは、「探求心」「自己肯定感」「やり抜く力」「創造力」「語彙力（コミュニケーション力)」のことです。

人生を臨機応変に生き抜き、人生を豊かにする力で、これからの時代を生きる子どもに必要な力です。

また、非認知能力は、学力を高めるためにも必要です。

本書では、0〜1歳、2〜4歳、5〜9歳という年代別に、怒りの言いかえフレーズを109個ご紹介しています。0〜1歳の子ほど声かけに効果がありますので、しっかりフレーズを投げかけてくださいね。

私は今まで、1000人以上のママと関わり、子育ての怒りやイライラの悩みと向き合ってきました。

その経験から、本書でご紹介しているフレーズは、**現場で効果があったものだけを厳選しています。**

さらに、**発達心理学、子育てコーチング、NLPの知識を基に開発したフレーズです。**

私は大学時代、比較発達心理学を専攻し、子どもの発達についての研究をしていました。発達心理学は、子どもが成長する過程で心や行動がどう変わるのかを研究する学問です。

また、私が重要な仕事の一つとして力を入れ、全国のママにお伝えしているのが、子育てコーチングの方法です。子どもが「自分の力で目標達成する」ことをサポートする方法です。

そして、私はNLPマスタープラクティショナーで、NLP（神経言語プログラミング）を重視しています。

ＮＬＰは、言葉によって前向きな変化を起こす技術です。

実例と学問、技術の裏付けがあるフレーズなので、安心して使ってくださいね。

● イラッとしたときにパラパラとめくればOK!

これまで育児に悩む全国各地のママたちと関わってきました。

日々イライラしないために、子どもを変えたい、何とかしたいと思いながら助けを求めてくる方ばかりでした。

そんなとき、私は**「ママの言葉が変われば、子どもはすんなり変わりますよ」**と伝えます。

はじめは半信半疑だった方も、考え方や声のかけ方を少し工夫するだけで、子どもの反応や行動が変わっていくのを目の当たりにして効果を感じてくれました。

そう、子どもを変えるより己を変えるほうが簡単なのです。子育ては、「己育て」。子育てを通じて私たち親自身が成長する機会でもあります。

子どもは、私たちに「本当の愛とは何か」「本当に大切にしたいものは何か」を教えてくれます。

本書を通じて、ママの気持ちが楽になり、子どもとの関係がより楽しく、より深くなることを願っています。

あなたの言葉が変わることで、子どもが成長し、あなた自身も成長する。そんな素敵な変化を、この本と一緒に体験していきましょう。

つい怒りそうになったとき、本書をパラパラとめくって、言いかえフレーズを使ってみてくださいね。

工藤いずみ

●本書の構成について●

　本書は、親がついイライラを子どもにぶつけてしまいそうになったときに、怒りの表現を言いかえるための本です。

　怒り言いかえフレーズで声かけをすることで、子どもの５つの能力が伸びていきます。

第1章では、怒りをそのままぶつけると、子どもの非認知能力にどのような影響があるのかをお話ししました。

第2章では、怒り言いかえフレーズの効果を、「発達心理学」「子育てコーチング」「NLP」の視点と、１０００件以上のママの怒り・イライラに向き合ってきた経験から解説しています。

第3章では、「探求心を育む」言いかえフレーズを２３個紹介しています。学力と問題発見力が高まります。

第4章では、「自己肯定感を高める」言いかえフレーズを２１個紹介しています。自分はできる、と思える子に育ちます。

第5章では、「やり抜く力をつける」言いかえフレーズを１９個紹介しました。目標達成まで、くじけない子になります。

第6章では、「創造力を豊かにする」言いかえフレーズを２１個紹介しています。柔軟な発想ができるようになります。

第7章では、「語彙力を鍛える」言いかえフレーズを２５個紹介しました。物事を理解する力、コミュニケーション能力が高まります。

　ぜひ、今日からフレーズを使ってみてください。

目次

はじめに 006
本書の構成について 010

第1章

表現を変えれば、
親の怒りは子どもの成長につながる
まずは、ママが自分を大切にしよう

子育て中は、イライラして当然! 020
怒りは良い感情だけど、そのまま表現してはいけない 023
子どもはママが大好き。一方、ママは自分が好き? 025
私が子どもより先にごはんを食べる理由 027
子育ては己育て 029

第2章

怒り言いかえフレーズで、
5つの非認知能力が伸びる!
「発達心理学」「コーチング」「NLP」に基づいた声かけとは?

非認知能力がある子はうまくいく! 032
学力も力強く生きる力も高める非認知能力とは? 033

次世代型育児法で伸びる5つの力 037

イライラの原因をつくっているのは自分? 040

余裕のあるなしにかかわらず、一貫性を持つこと! 042

いきなり「しっかりした母」になれなくていい! 044

1000件以上の実例から考案! 3つを土台にしたフレーズ ... 045

原則1 大人と対等な存在として接する 047

原則2 否定語は理解できない! 049

原則3 選択肢を増やす声かけをする 050

原則4 得たい未来を想像させてあげる 052

0〜9歳に対応!
年代ごとの特徴を知り、声かけしていこう 053

第3章

「探求心」を育むフレーズ
学力と問題発見・解決力がぐんぐん高まる23の言葉

学ぶ楽しさに気づき、論理的思考も身につく! 056

探求心が育つと、一気に8つの能力が高まる 058

こう言いかえて「探求心」を伸ばそう 062

状況 大きな声や奇声をあげる 062

状況 友達をたたく 063

状況 鏡に映る自分に興味を示し、汚れた手で鏡を触ろうとする ... 064

状況 音の出るおもちゃをいじる 065

状況 絵本の読み聞かせ中に、まだそのページを
読み終わっていないのに、次のページをめくりたがる 066

状況	食べ物で遊ぶ	067
状況	おもちゃを投げる	068
状況	カーテンに隠れたり引っぱったりして遊ぶ	069
状況	親が使っている携帯電話を触りたがる	070
状況	虫を見つけて驚いている	071
状況	積み木で遊び続ける	072
状況	絵の具で絵を描きたがる	073
状況	売り物のおもちゃを触ろうとする	074
状況	「なんで?」を連発してくる	075
状況	忙しいのに、ママをしつこく呼ぶ	076
状況	何にしようか、ずっと悩んでいる	077
状況	科学実験をしたがる	078
状況	料理を手伝いたがる	079
状況	ペットを飼いたがる	080
状況	「なんで?」を連発してくる	081
状況	本を読んで! とせがまれる	082
状況	部屋が散らかっている	083
状況	なかなか思い通りにできずにいらだっている	084

学びのサイクルに沿って声かけするとより効果的! 085

第4章
「自己肯定感」を高めるフレーズ
何があっても「自分はできる!」と思える子になる21の言葉

自分はできる! という感覚を育む「自己肯定感」とは? 088

落ち込まない! 何があっても前向きに! 089

自己肯定感を高めると得られる8つの効果 091

親の自己肯定感が低いと、子どもにどう影響する？ ……… 095

こう言いかえて「自己肯定感」を高めよう ……… 098

状況 夜に何度も起こされる ……… 098

状況 部屋が散らかっている ……… 099

状況 なんで泣いているかわからない ……… 100

状況 外ではいい子なのに、家ではわがまま ……… 101

状況 言うことを聞かない ……… 102

状況 準備に時間がかかる ……… 103

状況 お手伝いをしてほしくない ……… 104

状況 質問をくり返す ……… 105

状況 部屋や服を汚しながら遊んでいる ……… 106

状況 部屋が散らかっている ……… 107

状況 電車で大きな声を出している ……… 108

状況 言ったことをやらない ……… 109

状況 朝、なかなか起きてこない ……… 110

状況 反抗的な態度をとる ……… 111

状況 宿題をしない ……… 112

状況 ほかの子と比べてできないことが多い ……… 113

状況 動画に夢中になって、ほかのことができない ……… 114

状況 友達に意地悪をしている ……… 115

状況 クソババアなどの暴言を吐く ……… 116

状況 ひたすら話をしていて行動が進まない ……… 117

状況 周りの子と比べて、わが子が問題児だと感じられる ……… 118

コラム 「なんで？」はどんな言葉に言いかえればいいの？ ……… 119

第5章

「やり抜く力」をつけるフレーズ
くじけず目標達成する子に育つ19の言葉

なぜ、集中力が下がっているのか？ ——————————————— 122

努力できる子、挑戦できる子の特徴 ———————————— 123

目標達成のために必要な8要素を高める！ ————————— 125

こう言いかえて「やり抜く力」を育てよう ——————————— 128

- **状況** 寝返りやハイハイの練習中に泣いてしまう ————— 128
- **状況** ティッシュを何枚も出そうとする ———————————— 129
- **状況** チャイルドシートに座らせようとすると嫌がる ——— 130
- **状況** お風呂で髪や体を洗わせてくれない ————————— 131
- **状況** おむつ替え中に動き回る ———————————————— 132
- **状況** ほかの子どもと、おもちゃを取り合っている ———— 133
- **状況** 遊びに夢中で次の行動ができない ————————— 134
- **状況** 食事をぐずぐずしながら食べる ———————————— 135
- **状況** 夜、寝るのを嫌がる ——————————————————— 136
- **状況** 欲しい物をねだったり、順番を守れない ——————— 137
- **状況** 準備や行動に時間がかかる ———————————————— 138
- **状況** ほかの子ができていることができない ——————— 139
- **状況** 普段できていることをしない ————————————— 140
- **状況** 宿題を後回しにしようとしている ————————— 141
- **状況** なかなか勉強を始めない ———————————————— 142
- **状況** やるべきことに途中であきている ————————— 143
- **状況** 友達と遊ぶ約束をしているが、時間に遅れそう —— 144
- **状況** ゲームに夢中で時間を忘れている ————————— 145
- **状況** 決めたルールを守らない ———————————————— 146

コラム　子どもにとって食事は、負荷の大きい作業 ———— 147

第6章

「創造力」を豊かにするフレーズ

柔軟な発想を生む21の言葉

これから最も大事になるのは創造力! ————— 154

「自主性」と「自己表現」のレベルが上がる理由 ————— 156

創造力を高めると8つの能力も同時に上がる ————— 158

こう言いかえて「創造力」を高めよう ————— 162

状況 テレビの台によじ登る ————— 162

状況 触ってほしくない物を触ろうとする ————— 163

状況 触ると危険な物を触ろうとする ————— 164

状況 なんでも口に入れたがる ————— 165

状況 絵本を破ろうとしたり、ページをガサガサめくろうとする ——— 166

状況 哺乳瓶やスプーンを振り回して遊ぶ ————— 167

状況 空想の世界で遊んでいる ————— 168

状況 家を出る時間なのに動き出さない ————— 169

状況 お店の売り物のおもちゃで遊びたがる ————— 170

状況 泥んこ遊びをしたり、水たまりでジャンプしたがる ————— 171

状況 積み木などで無理な積み方をして、
すぐに崩れそうなものをつくる ————— 172

状況 おもちゃを本来の使い方以外で使い始める ————— 173

状況 話を聞いていない ————— 174

状況 時間がないときに話しかけてくる ————— 175

状況 キレイにした直後に汚される ————— 176

状況 見えない世界に入り込んでいる ————— 177

状況 学校での出来事を空想で脚色しながら話す ————— 178

状況 工作の材料を散らかしたまま、次のことを始める ————— 179

状況 遊びに自分ルールを加え、友達と対立する ————— 180

状況 紙やクレヨンなどをムダづかいしている ————— 181

状況 うまくいかなさそうなことに挑戦している ……………… 182

第7章
「語彙力」を鍛えるフレーズ
コミュニケーション力と理解力を高める25の言葉

「語彙力」は、コミュニケーションと学力アップの土台 ……………… 184

考える力、理解する力は絶対必要！ ……………… 185

語彙力が支える8つの成果とは? ……………… 187

こう言いかえて「語彙力」をつけよう ……………… 192

状況 何を伝えたがっているのかわからない ……………… 192

状況 意味のわからない奇声や大きな声を出す ……………… 193

状況 子どもが物を持って来ているが、
何を伝えたいのかわからない ……………… 194

状況 音楽が流れるたびに興奮して声を上げる ……………… 195

状況 子どもが「ママ、ママ」とひたすら呼び続けている ……………… 196

状況 口に入れた物を吐き出す ……………… 197

状況 同じことを何度も聞いてくる ……………… 198

状況 話している内容があいまいで、何を言いたいかわからない …… 199

状況 急いで何かをしようとしているので、落ち着いてほしい ……… 200

状況 こちらの意図をわかってほしい ……………… 201

状況 同じ物を指差して、何度も「これ何?」と聞く ……………… 202

状況 興奮して、関連性のない話題を次々に話し出す ……………… 203

状況 物の名前を間違えて言う ……………… 204

状況 遊びながら「これ取って!」など次々に指示を出してくる ……… 205

状況 おもちゃ売り場で「あれ! あれ!」と騒ぐ ……………… 206

状況 何度も同じ絵本を読んでほしいと言ってくる ……………… 207

状況 お友達の言葉をそのままくり返して遊んでいる ……………… 208

状況	ニュースや本に出てきた言葉の意味を頻繁に聞いてくる ----- 209
状況	間違った言葉を使っている ------- 210
状況	テレビや本で聞いた言葉を真似るが、 使い方が間違っている 211
状況	正しい言葉を教えると「わかってるよ!」と怒る ----- 212
状況	自分の考えを説明しようとして言葉が詰まる ----- 213
状況	延々と話し続けるが、話のポイントがわからない ----- 214
状況	「おもしろかった」「つまらなかった」など、 一言で感想を済ませる 215
状況	言葉が足りず、友達とのケンカがヒートアップする ------ 216

最後に、毎日がんばっている
ママにお話ししておきたいこと
あなたの子どもは100%天才

あなたは十分がんばっている。そして、一人じゃない ------- 218

他人と比べないから正解が見つかる ----- 219

自分らしい子育てを楽しむ。それだけでいい ------- 220

プロデュース	森下裕士
編集協力	丹羽満美
本文・DTP	野中賢・安田浩也(システムタンク)
イラスト	伊藤カヅヒロ
カバー・本文デザイン	市川さつき

第 **1** 章

表現を変えれば、親の怒りは子どもの成長につながる

まずは、ママが自分を大切にしよう

子育て中は、イライラして当然！

　イライラは、子育て中のママにとって避けられない感情です。
　特に、忙しい毎日の中で、子どもが言うことを聞かなかったり、予期せぬトラブルが起きると、どうしてもイライラしてしまいます。
「イライラしない育児が大切だと言われるけど、そんなの無理でしょ……」
　こう思ってますよね？

　そう、その通り！
　イライラしないなんて無理なんです。

「えっ、無理なの？？」という声が聞こえてきそうですが、イライラせず、**怒ることなく育児をしようと思っていること自体が間違っています。**
　私たちママはイライラして当然なのです。

　そもそもなぜ、イライラが起きるのでしょうか？
　イライラの原因は多くの場合、ストレスや疲れにあると言えます。
　私はこれまでたくさんの子育てママを見てきましたが、多くのママが睡眠不足や栄養不足、運動不足、腸内環境の乱れなどによる体調不良を抱えていました。

何が怖いかというと、体調不良が当たり前すぎて、自分が体調不良だということに気づかないということ。

「なんかいつも寝不足だし、なんかいつも元気がない感じがするけど、いつも通り」

だから特に気にもせず、不調のまま過ごしてしまっている。あなたも、そんなことありませんか？

まずは、体の健康を意識するだけで、イライラを減らすことができます。

ただ、健康になったからといって、イライラが消えて楽しく育児ができるのかというと、もちろんそんな簡単な話ではありません。

日常生活において、イラッとしてしまう場面の多くは、**「期待と現実のギャップ」によって起こります。**

期待通りに物事が進まないとき、私たちの脳はそれをストレスとして感じます。

特に、完璧にしようとする気持ちが強いと、そのギャップに対して強いイライラを感じることが多いのです。

たとえば、0歳では、13時になったらお昼寝をさせたいのに、なかなか寝てくれなかったり……。

2歳では、座ってごはんを食べてほしいのに、立ち上がったり、遊んじゃったり……。

5歳では、コップにお茶を入れるのが当たり前にできると思っていたら、こぼしちゃったり……。

9歳では、毎日しっかり宿題をやってほしいのに、ゲームばっかりやっていたり……。

こうしてほしい！　こうあるべきだ！　が叶わないと

き、イライラが生まれます。

　なので、まずはそのイライラの原因を自覚することから始めてみませんか。

「何が自分をイライラさせているのか」を理解することで、対策を考えることができるようになります。

　イライラしたことを日記のように記録してみると、あなたがイライラしやすい状況、こだわりポイントが見えてきます。

「日付」「曜日」「時間」「誰に対して（長男、次男など）」「怒りの内容」を一定期間メモしてみてください。

日付	曜日	時間	誰に対して	内容

　こうして、自分の怒りの傾向を客観視する練習をしてみましょう。

　そして、前に書いたことと同じことでイライラしたとき、「あ、これ前にも書いた内容だな」と冷静に自分を見つめてみてください。

怒りは良い感情だけど、そのまま表現してはいけない

「怒らない育児」の大切さがよく説かれますが、生きていくうえで、怒らないなんてあり得ないことです。

というのも、怒りは私たちが生き抜くために備わっている感情だからです。本能として備わっています。

怒りはネガティブな感情のように思えますが、実はとても重要で、私たちが自分の大切なものを守るために必要な感情です。

たとえば、子どもが危険なことをしているときに感じる怒りは、「その行動をやめさせ、子どもを守るための自然な反応」なんです。

なので、怒りを感じることは悪いことではありません。

感じる怒りを抑えようとすると、どこかで大爆発が起きてしまいます。

怒りを感じることは自然であって、悪いことではない。むしろ、**「大切な何か」を感じさせてくれている「良い感情」**です。

パートナーに「洗濯物をたたんでおいて」とお願いをして出かけたのに、帰ってきたらそのままだったとしましょう。

そんなとき、「なんで、やってくれてないの！？」と怒りを感じる人もいれば、「私の言うことなんて、どうでもいいのかな……」という悲しみから怒りを感じる人もいます。

同じ場面でも、感じ方やとらえ方は人それぞれです。

怒りの感情を通じて、**「自分が何を望んでいるのか」**
「相手にどうなってほしいと思っているのか」が見えて
きます。

前者は、言ったことをやってくれないことに対して怒
りを感じていて、もしかしたら相手を思い通りにしたい
という気持ちが強いのかもしれません。

後者は、お願いを無視されたことへの悲しみを感じ、
相手にもっと自分の話を聞いてもらいたい、という気持
ちが強いのかもしれません。

つまり、怒りは悪い感情ではなく、自分を知るための
良い感情。自分を深く知るキッカケになります。

ただ、良い感情だからといって、感じたままを表現し、
怒りをぶちまけていいか、というとそうではありません。

その怒りをどのように表現するかが重要です。

感情を上手にコントロールし、適切に表現することで、
怒りをポジティブなエネルギーに変えることができます。

怒りを感じたときは、まず深呼吸をして、「今、怒り
をそのまま表現したらどうなるかな？」と一呼吸おいて、
自分を落ち着かせましょう。

そして、3章からお伝えする「怒りを言いかえるフ
レーズ」を使って、イライラする場面で使う言葉を選ん
でみてください。

024

子どもはママが大好き。一方、ママは自分が好き？

　子どもたちは、どんなときでもママが大好きです。

　ママが笑顔のときも、イライラしているときも、子どもにとってママは特別な存在です。

　もちろんパパも大好きですよ！　ママを笑顔にしてくれるパパの存在が大好きなんです。

　一方でママ自身は、自分のことを好きでしょうか？

　自分のことを好きかと聞かれてすぐに「はい！　大好きです」と答えられるでしょうか？

　日本には謙遜の文化があるので、私たちは自分のことを下げて見せたり、ほめられても否定したり、というのが当たり前の環境で育ってきています。

　私たちはこれまでの経験やこれまで受けてきた教育から、自分の評価を下げることを自然にやってしまうのです。

　そして、日本人は貢献しようとする心が強いので、自己評価をするときに「誰かに貢献できているか」「何かの役に立っているか」ということを基準にして自分を評価する傾向があります。

　たとえば、アメリカ人であれば、「自分が思っていることを思っている通りにできた」とき、満足することもよくあります。

　しかし、日本人は自分が満足するかどうかではなく、「相手が満足しているかどうか」で自己評価をする傾向

があります。

　子育てをしていると、やはり思い通りにいかないことがたくさんありますよね。むしろ、思い通りにいくことのほうが少ない。
　目の前で起こる出来事を思い通りにコントロールできないし、子どもが満足しているようにも思えない……。
　そうなったときに、どうしても自己評価を下げてしまいます。
　でも、あなたに知ってほしいのは、子どもにとってママは、
「ただ、そこにいるだけ」
「存在してくれているだけ」
「自分を見つめてくれるだけ」
**　でいい存在なんです。**
　何かを成し遂げた人である必要もなく、毎日ただそこにいて「おはよう」って笑顔で言ってくれる、それだけで子どもは大満足です。
　子どもは、ママを無条件に愛しています。
　どんな状態のママでも大好きです。そんな子どもの大好きなママであるために、自分自身を愛していいのです。
　自分に優しくすること、自分を認めることは、とても大切なことです。
　子どもがママを大好きな理由を思い出し、自分をもっと好きになる努力をしてみましょう。

私が子どもより先に ごはんを食べる理由

　子育てのなかでは、自分を犠牲にしてしまうことが多いかもしれません。

　子どもが寝ている間に急いでごはんを食べたり……。

　自分の服を買いに行きたいのに、子どもと公園に出かけたり……。

　眠くて昼寝がしたいのに、子どもの面倒を見るために眠れなかったり……。

　そんなふうに「本当はこうしたい」ということがあっても、子どもを第一に優先して、自分を犠牲にしているのではないでしょうか。

　もしそうであれば、まずは自分を大切にすることから始めましょう。

　自分を大切にすることで、心に余裕が生まれ、子どもに対しても優しく接することができるようになります。

　そんなこと言われても、「自分を大切にするってどうすればいいの？」って思うかもしれませんね。

　自分を大切にする方法は、人それぞれ違います。

　たとえば、好きな本を読む時間をつくる、友達とおしゃべりをする、ゆっくりお風呂に入るなど、自分にとって心地良いことを見つけてください。

　私がよくやる方法をご紹介します。

　私は、お腹が空いたとき、子どもより先にごはんを食べます。これは息子が０歳の頃からやっていることです。

第1章　表現を変えれば、親の怒りは子どもの成長につながる

まずは自分を満たす。

私がお腹いっぱいになって満足した状態で子どもにごはんを与える、ということをやっていました。

今でもお腹が空いたときや、食べたい物があるときは、自分がその欲求を満たすことを優先しています。

他にも、私がどうしても眠いときは、私のほうが子どもより先に寝ていました。１歳頃、動き回ってなかなか寝てくれないときも、先に寝ていました。

そうすると子どもは、ママの様子を見て意外とすんなり隣で寝たりするんです。

子どもを優先に考えて、あれこれしてあげようと思うと、どんどん疲れてしまいます。

自分を優先して自分がやりたいことから満たしていくと、子どもも自分を大事にできる子に育っていきます。

毎日少しでも自分のための時間をつくることを意識してみましょう。

それが子育てでのイライラやストレスを軽減する第一歩になります。

子育ては己育て

　子育てとは、子どもを育てることだけではありません。この期間は親自身が成長する期間でもあります。

　子どもと一緒に過ごす時間の中で、新しい発見や学びがあります。子どもが成長するのと同じように、親も成長していくのです。

　子育てを通じて己を育てるためには、まず自分が全力で育児を楽しんでいる必要があります。

　子どもは日々の生活のすべてが初めての体験で、すべてが新しい発見で、ワクワクドキドキしながら生きています。

　そんな子どもたちと同じように、子育てを通じて全力で人生を楽しみ、新しい発見、気づき、学びを得ていくと、自分自身を育てることにつながります。

　子どもとの関わりの中で、**自分自身の新しい一面を発見することがよくあります。**

　たとえば、子どもが同じ質問を何度もくり返すとき、最初はイライラしてしまうかもしれません。

　でも、「どうしてこんなに何度も聞くんだろう？」と考えてみると、子どもの純粋な探求心に気づき、自然と忍耐力が育まれます。

　こうした瞬間に、「自分はこんなに忍耐強くなれるんだ」と感じることでしょう。

　また、子どもが転んで泣いているとき、「どうして泣

第1章　表現を変えれば、親の怒りは子どもの成長につながる

いてるの？　痛かったの？」と声をかけてみると、ただ痛かっただけではなく「怖かった」と感じていることがわかる場合もあります。

　そんなとき、人の気持ちに寄り添う力、つまり共感力が磨かれていきます。子育てを通じて、自分が思っていた以上に人の気持ちに敏感であることに気づけます。

　さらに、子どもは突然「このおもちゃを使って、宇宙をつくる！」というような突拍子もないことを言い出します。

　こんな予想外の発想に触れることで、自分の中に柔軟な思考を持つことができます。

「そんなの無理だよ」ではなく、「じゃあ、どうやったらできるかな？」と一緒に考えるうちに、子どもに負けないくらい自由な発想ができる自分に気づけます。

　子どもと一緒に過ごす時間は、**自分自身を見つめ直し、新しい自分を発見する貴重な時間**です。

　その中で「こんなことができるようになった」「こんなふうに考えられるようになった」と自分の成長を感じることは、子育ての醍醐味の一つです。

　一緒に成長していく過程を楽しみながら、親子で過ごす時間を大切にしてください。

　私はママがイライラしたときは、子どもが成長しようとしているときだと考えています。

　本書では、ママの怒りをいい表現に変え、子どもたちの能力を伸ばす方法をお話ししていきます。

第 **2** 章

怒り言いかえフレーズで、5つの非認知能力が伸びる！

「発達心理学」「コーチング」
「NLP」に基づいた声かけとは？

非認知能力が
ある子はうまくいく!

　私が子どもだった頃は、テストでいい点数を取った子が成績優秀で賢い子だと言われていました。

　テスト勉強は、ノートに何度も何度も単語を書いて覚えたり、暗記カードをつくったり、そんなふうにして一生懸命知識を詰め込む勉強をしていました。

　しかし、ご存じのように、知識を蓄積して引き出す部分はAIが担うようになってきています。

　私たちは知識をどれだけ身につけるかではなく、「その知識をどのように使いこなすか」、そして「AIとどれだけうまく共存できるか」、これらを考えるように子どもを育てる必要があります。

　そのうえで、とても大切なのが非認知能力です。

　非認知能力とは、テストや数字では測れないけれど、人生を豊かにするために大切な力です。

　具体的には、「**探求心**」「**自己肯定感**」「**やり抜く力**」「**創造力**」「**語彙力（コミュニケーション力）**」などがあります。

　これらの力が伸びると、学力や将来の生活にも良い影響があります。

　では、具体的にどんないい影響があるのでしょうか。少し深掘りしていきましょう。

学力も力強く生きる力も高める非認知能力とは？

　非認知能力が伸びることで、勉強の意欲も高まり、学力も向上します。また、**学力が向上するだけでなく、社会に出たときの生き抜く力も身につきます。**

　こんな例を考えてみましょう。

　これからどんどん境界線がなくなり、国と国とを超えて人々が行き交う時代になっていきます。

　そんななかで、もし初めて出会う人種の人が目の前に現れたとき、子どもはどのようにコミュニケーションを取っていくでしょうか。

第 2 章 怒り言いかえフレーズで、5つの非認知能力が伸びる！

「知ってみたい」「知らないことを知りたい」と思う**【探求心】**。

できるかどうかわからなくても「やってみよう」「自分ならなんでもできる」と思う**【自己肯定感】**。

うまくいかないことがあったとしても「挑戦し続けよう」とするあきらめない**【やり抜く力】**。

凝り固まった考え方ではなく、「いろんなアイデア」から答えを導き出す**【創造力】**。

人とつながり、「思いを伝える」**【語彙力（コミュニケーション力）】**。

これらを持ち合わせている子が、この先何が起こるかわからない世の中で活躍していく人になるのです。

次世代型育児法で伸びる5つの力

　身につくと子どもにとって、非常にいい影響のある非認知能力──。

　ここで落ち着いて、非認知能力について解説しておきます。

❶ 探求心

　探求心とは、**「物事を深く知りたい！」と思う気持ち**です。

　この心があると、どんなことにも「もっと知りたい！」という意欲が湧いてきます。

　ネットで調べれば簡単に答えが見つかる時代だからこそ、その答えにどうたどり着くか、もっと言えば「そもそも答えを知りたい！」と思えるかが大切になってきます。

　日常の「なんで？」を大切にして、ものごとを深く掘り下げながら理解をしていく力です。

❷ 自己肯定感

　自己肯定感は、**自分を大切に思う気持ち**です。
「生きているだけですばらしい」と自分を認められることと言ってもいいでしょう。
「できない自分もそれでいい」と受け入れること、「できる自分」を信じること、両方大切です。

自分を好きになれると、どんな困難にも前向きに挑戦できます。

　どんなときも「私はこれでいい」と思える自信を育てていきたいですね。その自信が、次の一歩を踏み出す力になります。

③ やり抜く力

　やり抜く力とは、**最後までやり遂げる力**です。

　この力があると、計画を立てて行動し、何度失敗してもあきらめずに挑戦できるようになります。

　たとえば、積み木で高い塔をつくりながら、子どもはやり抜く力を育てています。

　途中で崩れても、「どうしたら、うまくいくかな？」と考えながら積み木を扱うことで、最後までやり遂げる力が育ちます。

　小さな成功体験の積み重ねが、やり抜く力の土台になるのです。

④ 創造力

　創造力とは、**何もないところから新しいものをイメージし、それを形にする力**です。

　たとえば、粘土で好きな形をつくる遊びは、自由な発想や柔軟な思考を育てるチャンスです。

　問題を解決する力や、「こんなふうにしたらどうかな？」と考える発想力も育ちます。

　情報があふれている時代においては、すでにあるものをつなぎ合わせて新しいものを生み出す力が求められま

す。

5 語彙力（コミュニケーション力）

語彙力（コミュニケーション力）は、**言葉を知り、それを使いこなす力**です。

語彙力が高まると、伝えたいことが相手に伝わりやすくなり、良い人間関係を築けるようになります。

たとえば、絵本をたくさん読むと、感情の表現や状況の言いまわしを自然に覚えられます。

その言葉の引き出しが増えることで、言いたいことをピッタリな表現で伝える力が育ちます。

コミュニケーション力が未来の可能性を広げてくれるのです。

子どもたちの「心の力」を育てるために、日常の何気ない場面を活かしていきましょう。どれも小さな積み重ねが、大きな未来へとつながっていきます。

イライラの原因をつくっているのは自分?

　私たちが見ている現実は、実は「真実ではない」と知っていますか?

　え?　どういうこと?

　と思いますよね。
　私たちは、一人ひとり違う心のレンズを持っています。そのレンズを通して物事を判断し、現実だと思い込んでいるのです。

　たとえば、子どもと公園で遊んでいるときに「お子さん、とっても元気ですね。誰よりも声が大きいですね」と言われたとしましょう。
　あなたはどういう気持ちになりますか?
　この言葉からどのような現実を見ますか?
　元気いっぱいの子に育てたいと思っていたら、「元気がいいってほめられた!」と思うでしょう。
　一方で、「元気で声が大きい=うるさい」と変換して受け取ったら「うちの子はうるさいと言われた」と思うかもしれません。

　全く同じ出来事、同じセリフでも、**受け取る側のレンズの裏に「どのような考え方を持っているか」によって、**

見える現実は違うということです。

つまり、普段見ている現実は真実ではなく、「自分がつくり出している現実にすぎない」ということを知っておきましょう。

子どもにイライラする場面においても、その怒りはあなた自身がつくり出している可能性があります。

心のレンズを磨いていくことによって、イライラする出来事のとらえ方を変えていくことができます。

もちろん、今できてなくても大丈夫。本書を使って、これから一緒に少しずつトレーニングしていきましょう。

余裕のあるなしにかかわらず、一貫性を持つこと!

　先ほど、怒りを感じることは悪いことではない、と言いました。

　悪いことではないけれど、**その怒りやイライラをそのまま子どもにぶつけると、子どもはその影響を強く受けてしまいます。**

　その結果どうなるかというと、親の顔色や感情を気にして、自分の行動を制限するようになってしまうのです。

　すると、「何をやっても怒られる」と自分を評価するようになるので、自己肯定感が下がり、非認知能力が育ちにくくなります。

　では、どうすればいいのでしょうか？

　子育てには、一つとても大切なポイントがあります。

　それは、一貫性です。

　普段発している言葉や行動が、気分によって変わらないように注意する必要があります。

　たとえば、子どもが自分でごはんをよそっている場面を想像してみましょう。

　炊飯器から自分が食べられる量を推測し、しゃもじを持って必要な分量を取り出し、こぼさないようにお茶碗に乗せる。

　この行為には予測する力、判断する力、物理的にそれを実行する手の筋力や動かす力、空間を把握する力が必要なので、それらの力を育てる良い機会になります。

時間や心に余裕があるときには、子どものペースで
ゆっくりよそっている場面を、優しいまなざしで見てあ
げられるかもしれません。

　しかし、時間や心に余裕がなく、イライラしていると
きには「ママがするから貸して！」と怒ってしまうで
しょう。

　このように、**同じことをしていても、親に余裕がない
場面では怒られてしまうことが多い**のです。

　これにより、子どもは自分の行動に自信を持てなくな
り、挑戦する気持ちがなくなります。

　子どもの行動は学習によって成り立ちます。

　子どもは良いことも悪いことも、学習によって行動に
落とし込んでいきます。

　非認知能力においても段階的に発達していきます。
徐々に行動できるようになっていく中で、親が一貫性の
ある教育をしないと誤った学習をしてしまいます。

　ごはんを自分でよそう場面で、親に余裕がなくて怒ら
れたとしても、

「自分が悪いことをしてしまった。ごはんをよそうとマ
マを不機嫌にさせてしまう。怒られてしまう」

　と因果関係を誤って理解してしまうことがあります。

　その場合、**良くない学習がうながされ、自分で積極的
に行動をしようとしなくなってしまう**のです。

　このように、意図せず間違った教育をしてしまうこと
もあるからこそ、感情によって言動を変えることには注
意が必要です。一貫性を持った言動を心がけることで、
子どもの混乱を避けることができます。

いきなり「しっかりした母」になれなくていい！

　子どもにイライラして悩んでいるのは、あなただけではありません。子育て中の多くの親が、子どもを怒鳴りつけたくなるほどイライラしています。

　これは自然な感情で、悪いことではないのです。

　なのでまず自分を責めることはやめましょう。

　私たちは、子育てを学ぶ機会もなく、突然親になり、当たり前のように「しっかりとした母」としての育児を強いられます。

　でも、それってとても難しい……。

　誰もが完璧な親ではありませんし、そもそも完璧である必要もないのです。

　大切なのは、**自分を否定せず自分が抱いた感情を認識し、それを認めてあげること。**

　そして、その感情を素直に子どもに伝えてあげられるようになるといいです。

　この本を読み終わる頃には、伝え方に工夫ができるようになり、イライラのとらえ方も変わるので、気持ちを楽に読み進めてください。

1000件以上の実例から考案！3つを土台にしたフレーズ

　私は、これまでの経験と研究で、１０００件以上のママの怒りやイライラに向き合ってきました。

　本書では、その中で効果的だった、怒りの言葉の言いかえ例を紹介します。

　最初はうまくできなくても、それで大丈夫。

　言いかえのポイントを知っているだけで、普段の対応が変わってきます。まずは、「こんなとらえ方があるんだな」と知るところから始めてみてください。

　これからご紹介するフレーズは、「発達心理学」「子育てコーチング」「NLP（神経言語プログラミング）」の専門知識を基につくられています。

　発達心理学？　コーチング？　NLP?　何のこと？と思うかもしれませんが、難しく考える必要はありません。それぞれどんなものなのか簡単に解説しますね。

● 発達心理学

　発達心理学は、**子どもが成長する過程で心や行動がどのように変わっていくのかを研究する学問**です。

　子どもが生まれてから大人になるまでの「発達段階」に着目して、どんな環境や関わりが子どもの成長に良い影響を与えるかを考えます。

子育てコーチング

子育てコーチングは、**子どもが自分の力で目標に向かって成長するのをサポートするための方法**です。

親が指示するのではなく、子どもが「自分でできた！」と思える経験を増やしながら、自信と意欲が湧くコミュニケーションや接し方を重視します。

子どもの能力を最大限に発揮させるのは、親の関わり方次第という考え方です。

NLP

NLP の正式名は、Neuro Linguistic Programming で、神経言語プログラミングと訳されます。

NLP は、**私たちの「考え方」「言葉」「行動」がどのように影響し合うかを解明し、前向きな変化を起こす技術**です。

自己理解や自己成長に役立ち、子どもに対しては、心地良い言葉のかけ方や心を通わせる技術として活用できます。

言葉やイメージの使い方で気持ちを前向きにしたり、人とうまくコミュニケーションをとることを目指します。

これらの考え方を取り入れることで、それぞれの年齢に応じた対応が可能です。

これら3つの分野の知識をベースにした「怒りを感じたときの言いかえフレーズ」を本書では紹介していきます。

原則1 大人と対等な存在として接する

　言いかえフレーズを知る前に、子育ての4つの大原則を意識して、子どもへの声かけを行なうようにしてみてください。

　子育てをしていくうえで、とても大切な考え方です。

　まず一つ目の原則は、「**子どもを一人の人間として尊重し、対等な立場で接すること**」です。

　生まれた瞬間から子どもたちは100％天才なのです。大人によって育て上げられる存在ではありません。

「いやそんなこと言ったって、自分で自分のことを何もできないし、私が全部やってあげてるんだけど……」

　と思いましたか？　実は、私もそんなふうに思っていた時期がありました。

　もちろん、自分で自分をケアできない年齢のときには大人によるケアが必要になります。

　おむつを替えてあげたり、ごはんを食べさせてあげたり、着替えさせてあげたり、お風呂に入れてあげたり、生活のあらゆる場面で大人による介助がなければ、子ども一人では生きていけません。

　ただ子どもを「何もできない無力な存在」として扱うのか、「100％天才で何でもできる、大人と対等な存在」として接するのかで、子どもの行動の見え方や、親の関わり方が大きく変わってきます。

たとえば、子どもがあいさつをしていない場面を見たとき。
「できる能力を身につけていないから、教えないといけない」という見方をした場合は、「あいさつしなさい！」「お礼を言いなさい！」と伝えるでしょう。
　しかし、「できる能力は持っているから、引き出してあげよう」という見方をした場合は、大人が「こんにちは」「ありがとう」と言っている場面を見せてあげて、自ら手本となって自分の行動で示していくことになります。
　このように、**子どもが持っている能力を信じ、対等な立場として接することがとても大切**です。
　子どもはすべてを見ていますし、なんでも知っています。
　それがまだうまく言葉として表現できていないだけであって、「頭の中ではしっかり理解して、わかっているんだ」ということを知っておきましょう。
　私たち大人の関わりによって、子どもの力を最大限に発揮させてあげることができるのです。

原則2
否定語は理解できない!

　脳の仕組み上、私たちは否定語を瞬間的に理解できないという特徴があります。

　否定語が理解できないというのは、どういうことでしょうか。

「走らないで!」と言うと、まず「走る」ということが頭に浮かびます。

　そして、それを脳の中で打ち消します。そのため、いったん走るという行動を取ってしまうのです。

　つまり、"○○しない"という伝え方は、すべて「○○する」と受け取ってしまいます。そういう脳の仕組みになっているのです。

　そのため、やってほしくないことがあったときには、「○○してほしい」というように言いかえをしていきましょう。

　たとえば、「走っちゃダメ」ではなく、「ゆっくり歩こうね」と言いかえができますね。

　このように「ダメ」「してはいけない」といった否定的な言葉は避け、「こうしようね」という肯定的な表現に言いかえていきましょう。

原則3 選択肢を増やす声かけをする

　子どもが生きていく中で、「選択肢を増やしてあげる」というのが非常に大事なポイントになります。

　たとえば、公園から帰りたいときに、**「家に帰るよ」と選択肢を狭めるのではなく、「家に帰ったら何をしようか？」と選択肢を広げてあげる**声かけが効果的です。

　何かを減らされると思うと拒否反応が起きますが、選択肢が増えていくと思えると、子どもは自然と行動に移すことができるようになります。

　なので、普段の会話から子どもの選択肢を増やすことを意識してみましょう。

　これは私たちが子育てをしていく中で想定内を広げるということにもつながっていきます。

「こんなことが起きるかもしれない」
「あんなことが起こるかもしれない」

　そんなふうに一つのことに対して、いろんな可能性を考えることが自然にできるようになったときに、選択肢を増やす声かけや提案ができるようになっていきます。

● 子どもが行動する質問とは？

　子どもに選択肢を与えることで、自分で考えて行動する力が育ちます。

たとえば、子どもが着替えをしたくないと言って泣いていたとしましょう。

「ママがやってー」と駄々をこねたり、「やだー！」と癇癪(かんしゃく)を起こしたり、そんなときには選択肢を増やす声かけを使うと効果的です。

「青い服と赤い服、どっちがいい？」
「シャツとズボンどっちを先に着替えたい？」
「くつ下はママがはかせる？　自分ではきたい？」

　と聞くことで、自ら「こっちがいい！」と言って行動に移してくれます。

第2章　怒り言いかえフレーズで、5つの非認知能力が伸びる！

原則4 得たい未来を想像させてあげる

　子どもたちは今を全力で生きています。

　大人のように、「この行動が未来のどのような結果につながるのか」ということを予測することはなかなかできません。

　なので、**未来の自分や結果を考えさせる声かけで、目標達成への意欲を引き出しましょう。**

　たとえば、ただやみくもに「勉強しなさい！」というのではなく、「この勉強をしたらこんなことができるようになるんだよ」と伝えます。

　「今はやりたくない！」と思うようなことでも、「それをすることでどうなるのか？」を考え、自分が得たい未来の姿を想像し、そこを目指して行動できるようになっていきます。

0〜9歳に対応！ 年代ごとの特徴を知り、声かけしていこう

子どもの発達段階を知ることで、イライラする場面でも「お〜！ 成長してるねぇ！」と喜びに変えることができます。

発達心理学的側面から、年齢ごとの特徴を簡単にまとめておきます。

細かい年齢ごとの特徴を知りたい場合は、YouTubeでも解説しているので参考にしてください。

● 0〜1歳

すべてに興味を持ち、すべてが発見と学び。この時期は好奇心旺盛です。

否定せずに好奇心を伸ばしてあげる声かけが大切です。

本能のままに触ったり口に入れたりしながら、生きる術を学んでいきます。

ただし、子どもの手が届く範囲には危険なものを置かないということを徹底しましょう。

● 2〜4歳

自我が芽生え、いろいろなことをやりたいと思う一方で、できないことが多く葛藤が多い時期です。

意図的に誰かを困らせようとすることはほとんどありません。この時期の学習が、将来に大きく影響を与えます。

「何が良くて何が悪いのか」
「これをするとどうなるのか」

　一つひとつ学習していくため、**親は一貫性のある行動と声かけを心がけましょう。**

● 5〜9歳

　社会性が身につき、自分中心の考え方から、我慢をしたり周りに合わせたりできるようになっていきます。

　自分の気持ちを言語化したり、客観的に物事を描写したりすることはまだ完全にはできません。

　言葉を理解していても、それを自分の言葉として表現することは簡単ではないと知っておいてください。

　そのため、**声かけにも少し工夫が必要**です。

　いかがでしょうか。

「うちの子は、なんでこれができないの？」

「何回言ってもわかってくれないのは、なんで？」

　こう思ってイライラしていることも、これらの視点から行動を観察することによって、子どもの発達に合わせた声かけができるようになっていきます。

第 3 章

「探求心」を育む フレーズ

学力と問題発見・解決力が
ぐんぐん高まる23の言葉

学ぶ楽しさに気づき、論理的思考も身につく!

　探求心とは、**物事の本質を理解しようとする好奇心や意欲のこと**です。

　これからの時代を考えたときに、人間の頭だけで答えを出すということは、どんどん少なくなっていくでしょう。

　そんな時代の流れにおいて、探求心を持ち、深く物事を追求する力はとても重要だと言えます。

　子どもが疑問を持ち、それを解決しようとする姿勢は、将来的に学習能力や問題解決能力を高めることにつながります。

　探求心を伸ばすことには、多くのメリットがあるのです。発達心理学、子育てコーチング、NLPの視点からお話ししましょう。

● **発達心理学の視点**

　発達心理学では、**探求心が子どもの脳の成長をうながし、論理的な思考力を育てる**とされています。

　子どもが「どうして？」と興味を持って自分で調べたり試したりすることで、問題解決に向かう力が強まります。

　たとえば、家で虫を見つけたときに興味を持って観察することで考える力が育ちます。

　自分で探して学ぶ体験を重ねることで「自分でやれ

る！」という自信も育ち、次の学びや挑戦への意欲につながるのです。

● 子育てコーチングの視点

コーチングでは、**探求心を持つことで「知りたい！」「学びたい！」という自発的な気持ちが育つ**と考えます。

自分で疑問に向き合い、答えを見つけ出す経験が増えると、将来の学習に対する姿勢も前向きになります。

親は、子どもの「なんで？」に答えを急がず寄り添い、一緒に考えるサポートをしましょう。

すると、子どもは安心して質問をくり返し、「学ぶ楽しさ」に気づいていきます。学びを自分の力に変えられるようになるのです。

● NLPの視点

NLPでは、**探求心を育むと「自分でやれる！」という自己効力感を高める**ことができると考えます。

子どもが興味を持ったことにチャレンジし、成功体験を重ねることで、「次もできるかも！」とポジティブな気持ちが生まれるのです。

たとえば、図鑑で昆虫について学び、実際に観察したことで知識を得る経験は大きな自信につながります。

この「自分でやってみたい」という気持ちが、さらなる目標や成長へと子どもを導くカギとなるのです。

探求心が育つと、一気に8つの能力が高まる

　探求心が育まれると、具体的に次のような多くのメリットがあります。言いかえフレーズを使い、子どもの能力をうまく伸ばしていきましょう。

❶ 納得いくまで調べる力が伸びる

　探求心があれば、**疑問や興味があることについて、根気強く調べることができます。**困難にぶつかってもあきらめず、解決策を模索し続ける力がつく、ということです。

　たとえば、子どもが恐竜に興味を持ったとしましょう。恐竜の生態が気になり、種類が気になり、何を食べるのか、どれぐらいの期間どうやって生きていたのか、それらが気になってしかたがなくなります。

　そして、図書館で関連する本を何冊も読んだり、インターネットで調べたいという気持ちになり、自分の力で解決するための情報を得ようとします。

❷ 高い専門性が身につく

　探求心を育てておくと、**社会に出てからも専門的な知識やスキルを磨くことができます。**

　たとえば、昆虫に興味を持つ子どもが、自宅や公園で昆虫を観察し、飼育することで昆虫の生態にくわしくなり、将来的には昆虫学者を目指すかもしれません。

小さい頃に探求心を育て、いろんなことを深く調べて何かを得る経験をした子どもは、大きくなってからも自分で調べて、欲しい結果を得ようとします。

つまり小さい頃の探求心が、大人になってからの専門性につながるということですね。

③ 問題発見・解決能力が向上する

探求心を伸ばすことで、**自分で問題を見つけて解決する力が育ちます。**

これからの時代は、問題を見つける力も解決する力も必要になってきます。

何が問題で、何が問題ではないのかを見極め、そこから自分で解決方法を探ったり、AIに力を借りながら、解決方法を見つけていくことになります。

④ 創造性が豊かになる

探求心は、**新しいアイデアを生み出す力を養います。**

創造性は子ども特有のすばらしい能力です。そのすばらしい創造性を周りの大人がつぶしてはいけません。

たとえば、ブロック遊びで自由な発想を活かして建物をつくることで創造性が育ち、将来的にデザインや建築の分野で活躍する可能性があります。

つい、「これはこうしたほうがいい」と口出ししたくなりますが、集中して考えているときには子どもの世界を邪魔せず、見守ることが大切です。

5 自信が持てる

探求心を基に、**自分で考えて問題を解決できた経験が増えると、自信につながっていきます。**

「わからないことがあっても調べれば解決できる」

「うまくいかないことがあっても、もう一度がんばればうまくいく」

そういった経験を積むと、自信が持てるようになります。

たとえば、自分で考えた自由研究の工作が思うように完成したら、喜んで家族に見せようとしますよね。

そんなときにはどんな仕上がりであっても、本人が探求して完成させたものであれば、「いいのができたね」とほめてあげましょう。そうすることで自信につながっていきます。

6 好奇心が旺盛になる

探求心を伸ばすことで、**いろんなことに興味を持ち、学ぶ意欲が高まります。**あれもやりたい、これもやってみたい！ といろんなことに興味津々になっていきます。

たとえば、動物園に行って動物に興味を持ったとしたら、動物に関する本を読んだり、動物番組を見たりして、自ら情報を得ようとします。

そうすることで知識が深まり、次に動物園に行ったときにも知識を踏まえた観察ができますし、さらに知りたいことが増えていきます。

7 コミュニケーション力が高まる

探求心がある子は、**調べたことを他人に伝える力が高まります。**

いろんなことに対して、知りたい！　調べたい！　おもしろい！　が積み重なっていくと、それを他の人にも知ってもらいたいという気持ちが湧き上がってきます。

たとえば、道で見つけたアリについて、一生懸命ママに説明しようとして、それがうまく伝わらなかったときには、違う言葉で何度も伝えようと努力をします。

自分が興味を持ったものを、一番近くにいる大切な人にわかってもらいたい、という気持ちが生まれると、伝わるように話す努力をしようとするのです。

小さい頃から説明しようとすることで、コミュニケーション力が高まっていきます。

8 継続力がつく

物事に興味を持つことで、**長期間にわたって探究する力が身につきます。**

たとえば、花が大好きな子は、鉢植えで花を育てるときに、「どんな芽が出るかな」「どんな色の花が咲くかな」と、毎日楽しみにしながら花に水をあげるでしょう。

夏休みの研究で、観察日記をつけたりすることで、継続して物事を観察し、記録する力も養われていきます。

では、これからつい言ってしまいがちな怒りフレーズを、「探求心を伸ばす表現」に変えていきましょう。年代別に紹介していきます。まずは、０〜１歳です。

こう言いかえて「探求心」を伸ばそう

▶ 0〜1歳

状況 大きな声や奇声をあげる

✗ 怒りフレーズ

静かにして！

○ 言いかえフレーズ

大きな声が出るんだね。
何か見つけたの？
ママも見てみたいから教えて

POINT

　大きな声や奇声をあげるのは、こちらの注意を引きたいとか、自分がどんな声を出せるのかを試してみたいといった理由があります。
　それらの理由に共感して、本人の興味や関心を尊重してあげましょう。うるさくされると困る場所であるなら、そこから離れるのもいいでしょう。

状況 友達をたたく

✕ 怒りフレーズ

こら、やめなさい！

○ 言いかえフレーズ

お友達のこと、
びっくりさせちゃったね。
優しくトントンしようね

POINT

　この頃の子どもは、「たたく＝悪いこと」とは理解しておらず、好奇心であったり、感覚を確かめるために手を出してしまうことがあります。

　そのため、「ダメ！」と頭ごなしに否定するのではなく、代わりの方法を伝えることが大切です。

　友達との正しい関わり方を教えてあげると、「どうすればいいのか」ということを学びやすくなります。

　たたく行動をやめさせるだけでなく、探求心を尊重しながら、より良い関わり方を伝えていきましょう。

> 状況　鏡に映る自分に興味を示し、汚れた手で鏡を触ろうとする

❌ 怒りフレーズ

その手で鏡に触らないで！

⭕ 言いかえフレーズ

何が映ってるのかな？

POINT

　鏡の中の自分が自分だとわかるのは2歳頃です。この頃はまだ誰かが鏡の中にいると思って興味津々な時期です。

　そこに映っているのは「なんなのか？」「誰なのか？」が気になり手を伸ばして触って確認をしようとします。触ってはじめて、そこには誰もいないことがわかり、何かが映っているのだと学習します。

　どうやってキレイにするかを教えてあげると、鏡を一緒にふくことも遊びにできます。「誰が映っていた？　どうしたらこの鏡はキレイになるかな？」などと声をかけながら、ベタベタ触って汚れるのはしかたがないと割り切って、一緒にふきふきするのを楽しんでみてください。

| 状況 | 音の出るおもちゃをいじる |

✕ 怒りフレーズ

うるさい！音を出さないで

○ 言いかえフレーズ

どんな音がするのかな？

POINT

　この時期の五感への刺激はとても大切ですので、すべての感覚を刺激するような関わりが必要です。

　特に聴覚は発達が早く、お腹の中からママの声が聞き分けられるほどです。

　この時期は音に敏感なので、音による学びを深めることが大切です。子どもの興味に共感して対応してあげましょう。

「うるさい！」と言いたくなるような場面においては、音の出るおもちゃを手の届かない場所に置いたり、音を出しても問題ない環境を用意するなどの工夫をすることで、ママ自身のストレスを減らす対策をしましょう。

状況 絵本の読み聞かせ中に、まだそのページを読み終わっていないのに、次のページをめくりたがる

✕ 怒りフレーズ

まだ先にいかないで

○ 言いかえフレーズ

どんな絵が出てくるかな？
一緒に見てみよう

POINT

　この時期は、絵本に興味を示すことがとても大切です。

　じっくり読んだり、内容通りに読み進める必要はありません。

　ストーリーを楽しむことは重要ではないため、気に入ったページだけ読むということでも大丈夫です。

　何に興味を示すのか、どんなことに反応をするのかを楽しみながら、子どもの想像力を刺激しながら読んであげましょう。

| 状況 | 食べ物で遊ぶ |

✘ 怒りフレーズ

それは食べ物だから投げないで！

◯ 言いかえフレーズ

これはなんの食べ物かな？
一緒に触ってみよう

POINT

　この年齢の子どもは手でつかんで投げることで、学習をしています。その物が食べ物であるかどうかの判断をしたり、食べ物を投げてはいけない、ということを理解することはまだできません。

　食べ物を投げることに対して否定も肯定もせず、見守ってあげれば大丈夫です。

　食べ物で遊んでしまうことで、周りが汚れたり、食事の量が減ってしまうのが心配な場合は、「食事をする際にシートを敷く」「投げられることを想定して多めにつくる」「食べる用と遊ぶ用を分けておく」などの工夫をしましょう。

| 状況 | おもちゃを投げる |

✕ 怒りフレーズ

投げないで！

○ 言いかえフレーズ

投げたらどうなるかな？

POINT

　おもちゃを投げるのは、投げたらどうなるのか？ということに興味があるからです。

　この時期の子どもには、危なくない範囲で本人が納得するまで投げたり遊んだりさせて探求心を満たしてあげましょう。

　投げると危ない物は近くに置かない、または途中で別の物とさりげなく交換するというのも一つの手です。

状況 カーテンに隠れたり引っぱったりして遊ぶ

✕ 怒りフレーズ

やめなさい！
カーテンが壊れるよ

〇 言いかえフレーズ

カーテンの向こうに
何があるのかな？
一緒に探してみよう！

POINT

　子どもがカーテンで遊ぶのは「何が隠れているんだろう？」という好奇心の表れです。
　ここで「壊れるからやめなさい！」と止めると、興味を奪ってしまう可能性があります。
「カーテンの向こうに何があるのかな？」と一緒に探ることで、好奇心を育むキッカケになります。
　この声かけは、子どもが安全に探求心を満たせる環境をつくるだけでなく、親子の信頼関係を深める効果もあります。一緒に遊びの時間を楽しむことで、子どもの「もっと知りたい！」という意欲がどんどん膨らんでいくでしょう。

状況 親が使っている携帯電話を触りたがる

✗ 怒りフレーズ

触らないで！

○ 言いかえフレーズ

これは電話だよ、ピカピカ光るね。
ほかにもキラキラしたものを
探そうか？

POINT

携帯電話に興味を持つのは、身近なものを「自分でも試してみたい」と思うからです。

ここで「触らないで！」と言うかわりに、「これは電話だよ」と教えたり、「キラキラしたものを探してみよう」と別の興味に誘導することで、探求心を満たしながら安全を確保できます。

親の道具に興味を示すのは、信頼できる人の真似をしながら成長していく、という行動の一環です。

適切な言葉で説明して新たな選択肢を提示することで、子どもの興味が広がるとともに、探求心の芽をつまずに、育てることができます。

ここからは、2〜4歳にかけてあげるフレーズを紹介していきます。

▶ 2〜4歳

状況：**虫を見つけて驚いている**

✘ 怒りフレーズ

気持ち悪いから触らないで！

○ 言いかえフレーズ

なんていう名前の虫だろうね

POINT

　子どもは初めて見たものに対して、親の反応を見て安全かどうかを確認します。

　大人が極端に怖がったり嫌がったりすると、それ以上興味を示さなくなります。

　そのため、興味を持ったことを否定せずに見守ったり、可能であれば一緒に観察してみたりするといいでしょう。

| 状況 | 積み木で遊び続ける |

✗ 怒りフレーズ

もっとほかのこともやったら？

○ 言いかえフレーズ

どんな形にしたいの？

POINT

　子どもが一人で夢中になっていたり、ひとりごとを話していたら、じっと見守るタイミングです。
　集中しているときには、無理に声をかける必要はありません。
　子どものほうから親を探すような素振りがあれば、声をかけてあげましょう。
　このような質問を通じて、「自分だったらどんな形をつくれるだろうか？」と考えさせ、探求する力が高まるように導きましょう。

状況 絵の具で絵を描きたがる

✕ 怒りフレーズ

汚れるからやめて

○ 言いかえフレーズ

これを着ているときはいいよ

POINT

　自由に遊ばせてあげたいけど、"これは""ここは"汚したくないということもありますよね。

　そんなときには、禁止するのではなく、「どんな状況ならOKか」がわかるように教えてあげましょう。

　汚れてもいい服、汚れてもいい場所、を明確にわかるようにしたうえで、それ以外はNGということを伝えていきましょう。

状況 売り物のおもちゃを触ろうとする

✗ 怒りフレーズ

触っちゃダメ！

○ 言いかえフレーズ

どうやって遊ぶのかな？
触る前に頭の中で
一緒に考えよう

POINT

　この頃は、ついなんでも手で触れたくなる時期です。

　まして、新しいおもちゃとなれば触ってみたくなるのは当然ですね。

「ダメ！」と否定しても触りたくなるものなので、「遊んでる姿を一緒に想像しよう」と働きかけてみてください。

　新しい行動を引き出し、柔軟な思考を育てることができます。

　代わりに触ってもいい物があれば、それを渡してあげるのも一つの方法です。

| 状況 | 「なんで？」を連発してくる |

✗ 怒りフレーズ

もう！うるさい！！

◯ 言いかえフレーズ

なんでだと思う？

POINT

　毎日のように「なんで？」と聞かれると、その言葉を聞くだけで嫌になってしまいますよね。

　余裕があるときには、できる限り本当の答えを教えてあげるようにしましょう。

　でも、ママも人間です。もう嫌だ！　となってしまったときには、「必殺『なんで？』返し」で乗り切りましょう。

　問いかけることで、「なんでだろう？」と考えるクセがつきます。この時期は正しい答えにたどり着く必要はないので、考える体験をたくさんさせてあげましょう。

| 状況 | 忙しいのに、ママをしつこく呼ぶ |

✕ 怒りフレーズ

待ってって言ってるでしょ！

○ 言いかえフレーズ

見たいんだけど、
今手が離せないから、こっちに
来て説明してくれるかな？

POINT

　子どもにとって、「ちょっと待ってね」ほどつらい言葉はありません。

　そのため、「どれぐらい待てばいいの？」と思って、何度も呼んでしまうのです。

　そんなときは、子どものほうから来るようにうながしましょう。

　目が離せない、手が離せないときには、子どもに来てもらい、見てほしいものについて説明するように誘導してみてください。

　言葉の発達は個人差があるので、子どもが説明をうまくできなくても、それはそれでいいのです。

ここからは、5〜9歳にかけるフレーズです。

▶ 5〜9歳

状況：何にしようか、ずっと悩んでいる

✕ 怒りフレーズ

もうさっさと決めてよ！

◯ 言いかえフレーズ

どんなものを探してるの？
手伝おうか？

POINT

あれもこれもと悩んで時間がたつと、早くしてくれ〜〜とイライラしますよね。

そんなときには、まずどんなものを求めているかを聞き出しましょう。

そのうえで、その条件に合うものを何個かピックアップし、選択肢を与えてあげるといいです。

多くの選択肢からは選ぶことができない子でも、欲しい条件に合ったものから選ぶことはできます。

子どもの選択肢を尊重し、自主的な選択をうながしていきましょう。

第3章　「探求心」を育むフレーズ

| 状況 | 科学実験をしたがる |

❌ 怒りフレーズ

危ないからやめなさい

⭕ 言いかえフレーズ

これならやっていいよ。
何が起きるかな?

POINT

　ドライアイスを使った実験など、何が起きるかドキドキすることをたくさんやりたい時期です。

　ルールを明確に決め、その範囲内で行なえるものを選んであげましょう。

　好奇心を刺激し、具体的な行動を通じて学びを深めます。

状況　料理を手伝いたがる

✗ 怒りフレーズ

時間がかかるからやめて

○ 言いかえフレーズ

これお願いできるかな？

POINT

　料理は算数力を鍛えるためにとても効果的です。
　並べるおはしの数、野菜を切るサイズ、どのぐらいの割合でダシを鍋に入れるか、塩の量はどれぐらいにするかなど数や量の概念を考える機会がたくさんあります。
　一緒に料理をすると、余計に時間がかかって邪魔かもしれません。
　しかしここは、算数の力を伸ばすための勉強時間だと思って、具体的に何をやってほしいかを示しながら、手伝ってもらうようにしましょう。

第3章　「探求心」を育むフレーズ

状況　ペットを飼いたがる

✗ 怒りフレーズ

どうせお世話できないでしょ

○ 言いかえフレーズ

どうやって、お世話をするの？

POINT

　「どうせできない」という言葉は、やってみたいという意欲を削ぐことにつながります。
　具体的に世話をする過程を想像したり、調べたりする体験を通じて、まだ経験のないことについて想像したり予測したりする力を育てることができます。

状況 「なんで？」を連発してくる

✗ 怒りフレーズ

うるさい！ 知らない

○ 言いかえフレーズ

ママもわからないから
調べて教えてくれるかな？

POINT

　自分で調べることができる年齢なので、調べる手段を教えてあげましょう。

　子ども用の辞書やインターネットでの検索など、情報にたどり着くための適切な方法を教えてあげてください。

　どのように調べたのかも含めて、答えを教えてもらいましょう。

　子どもは調べて、伝える練習をくり返すことで、自分の力で答えを見つけ出す力がつきます。

第3章 「探求心」を育むフレーズ

| 状況 | 本を読んで！とせがまれる |

✗ 怒りフレーズ

自分で読みなさい

○ 言いかえフレーズ

どんなところが気になるの？

POINT

　忙しいときに何度もせがまれると、イライラしてしまいますよね。
　読む力がついてきた頃には、「自分で読んでよ！」と言いたくなる気持ちもわかります。
　子どもの探求心を高めるためには、「なぜ、その本に興味を持ったのか？」を聞くことで、自分で読んでみようとする気持ちを引き出すことができます。

| 状況 | 部屋が散らかっている |

✗ 怒りフレーズ

片づけなさい！

○ 言いかえフレーズ

どうすれば部屋がキレイになるかな？（片づくかな？）

POINT

「片づける」「キレイにする」という概念を言葉で説明したり、頭の中で理解することは簡単ではありません。

「片づけなさい！」という言葉を投げかけても、子どもは動くことができないということです。

まずは、「『片づく』『キレイになる』という状態がどのような状態だと理解しているのか」を言語化させるところから始めましょう。

「どうすればキレイになるか」を考えて説明する経験を通して、「キレイにするには、何をどこにどのように片づければいいのか」が自分でわかるようになってきます。

| 状況 | なかなか思い通りにできずにいらだっている |

✕ 怒りフレーズ

ママがやるから貸して！

〇 言いかえフレーズ

時間がかかっても大丈夫だよ

POINT

　靴ひもを結ぶのに時間がかかったり、着替えに時間がかかったり、自分でやりたい気持ちもありながら、思い通りにいかずに子どもがイライラしてしまうことがありますよね。

　そんなときには、「時間がかかっても大丈夫」「ゆっくり落ち着いてごらん」という声かけで、心を落ち着かせて自分で考えながら行動できるようにうながしましょう。

　ただ、実際に時間がないときもありますよね。

　そんなときには、「時計の針が2になるまで落ち着いてやってごらん。それを過ぎたら手伝うね」というように、時間制限を設けるといいでしょう。

学びのサイクルに沿って声かけするとより効果的!

　このように、とっさの一言を言いかえるだけで、子どもの非認知能力を伸ばすことができます。

　ここで知っておいてほしいのは、最初からすべてうまくはいかない、ということです。

　せっかくここまで読んだのに、うまくいかないのか！と残念に思ったかもしれません。

　しかし、すべてを最初から完璧にうまくやろうと思うと大変です。

どれか一つでも、怒りを置き換えられる言葉を見つけて使ってみてください。

　私たちはなぜか一度聞いたことはできて当然だと思い込んでいます。

　だからこそ、「前も聞いたのにできなかった」「知ってるのに普段全然できてない」と落ち込むことありませんか？

　でも、できなくて当たり前なのです。学びにはサイクルがあります。

「知らないからできない」がスタートです。
「知らないことを知る」
　　↓
「新たな気づき」

↓

「学び」

↓

「方法を知っている状態」

↓

「実際にやってみる」

↓

「学んだ通りにできない」

↓

「くり返しやってみる」

↓

「一回できた」

↓

「実践し続ける」

↓

「できることが当たり前になる」

　こういう段階を踏んで、初めて「できる状態」をつくり出すことができます。

　なので、この章でお伝えしたフレーズや、これからお伝えしていくフレーズも、くり返し口に出してみることでだんだんと身になっていきます。

　すぐにできなくて当たり前。少しずつ言いかえにチャレンジしていけばいいのです。

第 **4** 章

「自己肯定感」を高めるフレーズ

何があっても「自分はできる!」と思える子になる21の言葉

自分はできる！という感覚を育む「自己肯定感」とは？

「自己肯定感」は一時期ブームになり、テレビでも本でもネットでも、いろんなところで使われる言葉になりました。

私の息子が見ていた子ども向けのテレビ番組でも「自己肯定感ってなあに？」と５歳くらいの女の子が質問をしてキャラクターが答える、というやり取りをしていたのを覚えています。

自己肯定感は、**「ありのままの自分を受け入れ、自分は生きる価値があるのだと認めること」**だと私は定義しています。

しかし、ありのままを受け入れるということが、「そのままでいい」「できなくていい」というように解釈されていることに少し危機感をいだいています。

なぜなら、「私はこれができない。でもそんな私でもいいんだ。そのままでも大丈夫」と思うことは、自己肯定感が高いということではないからです。

ありのままの自分を認めつつ、「自分はできる」という気持ちも同時に高めていくことが大切です。

つまり、**「どんな自分であっても愛し愛される存在であり、私はできる！」**という気持ちを育てていく必要があります。

落ち込まない！
何があっても前向きに！

　自己肯定感は、生きる力の源と言っても過言ではありません。

　友達とケンカをしても、親に怒られても、自己肯定感が高ければ、落ち込んだりすることなく、楽しい毎日を過ごすことができます。自己肯定感を高めることには多くのメリットがあるのです。

● **発達心理学の視点**

　発達心理学では、自己肯定感が高い子どもは**「自分は大事にされている」と感じ、困難にも前向きに挑戦できる**とされています。

　自己肯定感は、安心できる環境とたくさんの愛情が土台となります。

　親が「いつも見てるよ」「大好きだよ」と優しく関わっていくことで、子どもは自分には価値があると、自信を持ちます。

　そんな気持ちがあると、失敗しても立ち直りやすくなり、また挑戦したいという気持ちが育ちます。

　心の土台がしっかりしている子は、人間関係も豊かに育ちやすいのです。

● **子育てコーチングの視点**

　子育てコーチングでは、小さな成功体験を「がんばっ

たね」と認めることが自己肯定感を育てると考えます。

親からのあたたかい声かけで、子どもは**「自分にもできる！」と自信を持てるようになります。**

自信が育つと、「失敗しても大丈夫、次もがんばれる」と自然に思えるようになり、他人と比べることもなく、自分らしいペースで成長できます。
「自分は価値がある」と実感できることで、どんな困難にも前向きに取り組む姿勢が身につきます。

● NLPの視点

NLPでは、自己肯定感を高めることで、**ポジティブな自己イメージが確立し、心から自分に自信を持てるようになる**と考えられています。

たとえば、日常的に「あなたは大事な存在だよ」「今日もよくがんばったね」と声をかけることで、子どもの心にはポジティブなメッセージがしっかり刻まれます。

こうして「自分は大切にされている」と感じることで、どんなことにも前向きに挑戦できるようになり、新しいことに対する意欲も高まります。

自己肯定感を高めると得られる8つの効果

自己肯定感を高めると、具体的に以下のような効果、メリットがあります。

1 感情が安定する

自己肯定感が高い子どもは、**感情の起伏が少なく、安定した気持ちで日々を過ごします。**

友達とケンカしたとき、普段人から受け入れてもらえていない子は、大声で主張したり、泣きわめいたりすることが多いものです。

一方、自己肯定感が高い場合は、受け入れてもらえるという考えが根底にあるため、自分の気持ちをしっかり伝え、冷静に対処することができます。

2 物事をポジティブにとらえられる

自己肯定感を育てると、**失敗や困難を前向きに受け入れ、次の挑戦に活かすことができます。**

自己肯定感が低いとテストで悪い点数を取ったときに、「やっぱりできなかった。どうせうまくいかない。がんばってもムダだ」という考え方になります。

しかし、自己肯定感が高ければ「次はもっとがんばる」と前向きに考えることができます。

❸ 努力を続けられる

「がんばればできる」という考え方が根底にあるため、**うまくいかないことがあったり、大変なことがあったとしても、簡単に挫折することなく、目標に向かって努力を続けることができます。**

周囲の子と比べて自分ができないとわかっていても、そこであきらめず、「やってみよう」という気持ちで挑戦することができます。

❹ 人間関係のトラブルがなくなる

自己肯定感が低いと、人からかけられた言葉に対して「またバカにされた」「どうせ自分なんて大事じゃない」といったように、本来の意図とは違った受け取り方をしてしまったり、情報を歪曲して受け取ってしまうことがあります。

自己肯定感が高いと、**卑屈になることも少なく、友達や家族とのコミュニケーションが円滑になり、トラブルが少なくなります。**

❺ 自己管理能力が向上する

自己肯定感が高いと、**生活の管理がしやすくなります。**

具体的には、規則正しい生活習慣を維持し、目標に向かって時間をうまく使えるようになります。

また、感情のコントロールもしやすく、イライラしても「落ち着こう」と冷静な対応が可能になります。

自己肯定感があることで、自分を応援する気持ちが育ち、目標達成に向けて、物事を続ける力が生まれます。

自己肯定感は、健康で安定した生活を支える基盤となるのです。

6 問題解決能力が高まる

自己肯定感を伸ばすと、**問題が起きても「きっと自分なら解決できる」という気持ちを持ちやすくなります。**

友達と意見がぶつかってしまったときでも、感情的にならずに冷静に話し合える力を育てられます。

自己肯定感があると、相手の話をじっくり聞いたり、自分の考えを落ち着いて伝える余裕が生まれます。

その結果、ただ感情をぶつけるだけでなく、お互いに納得できる解決策を見つけることができるようになります。

7 自己表現がうまくなる

自己肯定感がある子は**「自分の意見を伝えても大丈夫」と思えるため、自己表現ができるようになります。**

授業での発表や友達との会話で、自信を持って自分の考えを話すことができるようになるのです。

また、自分の気持ちを適切な言葉で伝えられるため、周りの人も理解しやすくなります。

自己表現が豊かになることで、相手ともっと良い関係を築くことができ、自分の考えや個性を伝えるのも楽しく感じられるようになります。

8 創造性が豊かになる

自己肯定感があると**「自由に考えてもいい」と思える**

ので、新しいアイデアが浮かびやすくなります。

　絵を描いたり、作文で物語をつくったりするときに「自分にはできる」と感じて楽しく取り組めるようになります。

　自由に発想する力が育つと、自分のアイデアに自信が持てるため、誰かに見せたり発表したりすることも怖くありません。

　創造性が豊かになると、失敗を恐れずにいろいろなことに挑戦でき、世界がもっと広がっていきます。

親の自己肯定感が低いと、子どもにどう影響する？

　先ほど、私たち日本人には、「謙遜」「貢献」の文化があると言いました。

　いいことをしてほめられても、「そんなことない」と答えたり、親同士の会話で「娘さんすごいですね！」と言われても「いやいや、家では全然で」と答えたり……。

　肯定されたことに対して、否定で返すというのが染みついています。

　人間の脳はおもしろくて、否定したことは記憶に残りません。

　「とっても優しいですね」と言われたのに、「そんなことないです」と答える。

　すると、「私は優しいと言われた」ということが記憶に残っていかないのです。

　なので、どれだけほめられた経験があっても、自分でそれを認めない限りほめられたことにはなりません。

　そうやって自己肯定感を上げる出来事を否定しながら育ってきている大人は自己肯定感が低い人が多いです。

　また、日本人はどんなときに自分をほめたいと思うかというと、「誰かの役に立っているとき」です。

　自分だけがいい思いをするより、誰かにいいことをするほうが自己評価を高めるのです。これも、日本人特有の貢献心の強さが原因だと言えます。

私たちママは、子どもを育てているだけでも、子どもの役に立っているし、社会の役に立っているのですが、普段の生活の中ではそれになかなか気づくことができません。

　家事や育児、そして仕事と、相当すごいことをしてるのにその価値を認められず、自分は貢献できてると思えずに自己肯定感を下げてしまっていることが多いのです。

● 今日から「でも」「だって」「どうせ」禁止！

　親の自己肯定感は、子どもの自己肯定感に大きく影響します。

　こんなことを言われたら、「私のせいで子どもの自己肯定感が下がってしまうのではないか」と不安になるかもしれませんね。

　でも、安心してください。今からでも自己肯定感を築くことは十分できます。

　まずは、自分自身を認めること。

　ほんの小さな「できた」を見つけて、「よくやってるね」と自分に声をかけてあげてください。

　普段誰かを想ってやっているけれど、誰にもほめられないことってありますよね？

　たとえば、ごはんを食べる前に汚れたテーブルをささっとふくとか、切れかけのトイレットペーパーを次の人のために替えておくとか……。

　見られてもいないし、ほめられもしないことを、自分で「優しいね、よく気づいたね」ってほめてあげてくだ

さい。
　普段、自分がどれだけ誰かのために行動しているかがわかると思います。

　自分を評価するときに大事なポイントがあります。それは、「でも」「だって」「どうせ」のセリフをなるべく使わないこと。
「テーブルをふいて今日も私えらいね。でも、そんなの誰でもやってることだよね」とか。
「トイレットペーパーを取り替えて優しい私！　どうせ誰にも気づかれないけど」とか。
ほめた直後に否定すると台無しです。
「でも」「だって」「どうせ」を使わないように気をつけてみてください。

　それでは、子どもの自己肯定感を育む言いかえフレーズをご紹介していきます。感情にまかせて怒ってしまいそうなとき、言いかえてみてください。年代別にフレーズをご紹介していきます。まずは、0〜1歳です。

こう言いかえて「自己肯定感」を高めよう

▶ 0〜1歳

状況 夜に何度も起こされる

✗ 怒りフレーズ

もういい加減にしてよ！

○ 言いかえフレーズ

大丈夫、ママはここにいるよ

POINT

　寝かしつけがうまくいかないと、「なんで寝てくれないの」と焦ってしまいますよね。

　子どもはママの気持ちに敏感。ママがイライラすると、安心できず、かえって眠れなくなることも。

　どんな状態でもママは近くにいてくれるんだ、という安心感を与えてあげましょう。

　夜に何度も起されると睡眠不足になり、余計イライラしやすくなります。子どもが昼寝をしているときに一緒に寝るなど、スキマ時間を活用して、睡眠をしっかり確保してくださいね。

状況 部屋が散らかっている

✗ 怒りフレーズ

あ〜こんなに散らかして
イライラする！

○ 言いかえフレーズ

ちょっと片づけるの見ててね。
一緒に手伝ってほしいな

POINT

　0〜1歳の頃に片づけをするクセを定着させておくと、その後の育児がとても楽になります。

　子どもが寝ている間に、ママがぱっと片づけるほうが早いのは確かです。

　しかし、この頃に共に行動することで、模倣学習がうながされ、真似をしながら片づけることができるようになります。

　また、一緒にやるという共同作業を通じて、協力の精神も育ちます。

「こうやってやればいいんだな」と少しずつ学習するので、片づけるたびにほめてあげることで、自分が行なっていることを肯定的にとらえられます。

　それが、自己肯定感を高めることになります。

状況 なんで泣いているかわからない

✗ 怒りフレーズ

泣いてばっかりうるさい！

○ 言いかえフレーズ

一生懸命何かを伝えてくれてるね

POINT

「泣いても大丈夫、聞いてくれる人がいる」
「どんな状態や感情でも、自分を受け入れてくれる人がいる」
と思える状況をつくることで、子どもは絶対的な安心感を得られます。
その安心感が「自分はこれでいいんだ」という感覚を持てる土台になります。

次は、2～4歳にかけるフレーズです。

▶ 2～4歳

状況 外ではいい子なのに、家ではわがまま

✗ 怒りフレーズ

なんで外ではできるのに、家ではやらないの！

○ 言いかえフレーズ

家では安心できているんだね

POINT

子どもが家でリラックスできるということは、安心感を持てているということです。

安心できる環境だからこそ、ありのままの自分を表現することができます。

子どもの行動を理解し、できていることに注目して、肯定的なフィードバックを与えましょう。

この時期に、家が安心できる場所だと確信できることが大切です。

| 状況 | 言うことを聞かない |

✘ 怒りフレーズ

どうしてわがままなの！

○ 言いかえフレーズ

話を聞いてくれると、
ママはうれしいんだけどな

POINT

「ママ（私）はこう思う」という伝え方である「Iメッセージ」はとても効果的です。

Iメッセージを使って、話を聞いてくれるように誘導しましょう。

もし、「わがままな子は嫌い」と言ってしまったときには、「あなたは好きだけど、わがままな子は嫌いなんだ。だから話を聞いてほしいな」とフォローを入れましょう。

大好きなのは大前提だけど、「ただこんなことはされたくない」という伝え方をするように意識してください。

| 状況 | 準備に時間がかかる |

✗ 怒りフレーズ

遅い！ 急いで！

○ 言いかえフレーズ

ていねいなんだね。
もう少し手を早く動かせるかな

POINT

準備に時間がかかるということをポジティブに表現するとどうなるか？　と考えてみましょう。

ていねい以外にも、慎重、几帳面、大事にできるなど、いろんな表現ができます。

一つの事柄には、見方によって良い面と悪い面の両方があります。なので、悪い面だけで評価するのではなく、良い面を伝えましょう。

子どものペースを尊重してあげることで、安心感を与えられます。時間管理のスキルを教える際には、プレッシャーをかけないことが重要です。
「具体的にどう行動すればいいのか」をリラックスした状態で伝えてあげることで、スピーディーに行動できるようになります。

状況 お手伝いをしてほしくない

✘ 怒りフレーズ

ママがやるから触らないで

○ 言いかえフレーズ

手伝ってくれてありがとう。
代わりに
こっちをやってくれるかな？

POINT

「お手伝いしたい！」と言って手伝ってくれるのはいいものの、余計に時間がかかったり、散らかったり、汚れたり……。
「やめて〜〜！！」って思うときがありますよね。

そんなときには、まず喜んでいる顔を見せたうえで、もっと喜ぶのはこっちだよと、他のことをするように誘導していきましょう。

ママの喜ぶ顔を見るのが子どもにとっての何よりのご褒美。だからこそ、「こっちならもっとうれしいよ！」ということを教えてあげましょう。

状況 質問をくり返す

✗ 怒りフレーズ

うっとうしいからやめて

○ 言いかえフレーズ

いろんなことに
興味があるのはいいことだね

第4章 「自己肯定感」を高めるフレーズ

POINT

　子どもは、純粋な好奇心から同じ質問をくり返します。「うっとうしい」と感じることもあるかもしれませんが、子どもにとってはそれが学びの一環であり、質問を否定されると自分の興味や考え方を否定されたように感じてしまいます。
「いろんなことに興味があるのはいいことだね」と、肯定的な言葉をかけることで、子どもは自分の興味や行動を認められたと感じ、自己肯定感を高めます。
　それでも、質問されて親が疲れてしまう場合は、話題を切り替えるなど、バランスを取りながら対応するのがおすすめです。

| 状況 | 部屋や服を汚しながら遊んでいる |

✗ 怒りフレーズ

汚さないで！汚い！

○ 言いかえフレーズ

楽しんでるね。
でも、汚れたらどうする？

POINT

　子どもの状態が「今どうなっているのか」を観察して表現することは大切です。

　楽しんでいる様子なら「楽しんでるね」、汚れて困っているなら「困ったね」など、まずは状態を言語化して伝えたうえで、やめてほしいと改善のお願いを伝えましょう。

| 状況 | 部屋が散らかっている |

✕ 怒りフレーズ

なんでいつも
片づけできないの！

◯ 言いかえフレーズ

これはもともと、
どこにあったんだっけ？

POINT

　親がわからないふりをしながら、おもちゃを一つ手に取り、「これはどこにしまう？」と聞くと、「教えてあげるよ！」と子どもから答えが返ってきます。

　車をしまう箱、本をしまう箱、人形をしまう箱、それぞれわかるように箱を用意してあげるとよりスムーズに片づけられます。

　答えられたり、片づけられたことに対して「わぁ！　さすがだね」「そこにしまうんだったね！　教えてくれてありがとう」と肯定的なフィードバックをしてあげましょう。

| 状況 | 電車で大きな声を出している |

✗ 怒りフレーズ

迷惑ばっかりかけるね

○ 言いかえフレーズ

家で上手にできた
アリさんの声をやるときがきたよ

POINT

わざと迷惑をかけている子どもはいません。
自分の行動が周囲にどのような影響を与えているかを見る視点が、まだ備わっていないだけです。「○○しちゃダメ」と好ましくない行動を指摘しても、「ではどうしたらいいのか」がわかりません。「今自分がどんな行動をすればいいのか」がわかる声かけにしていきましょう。

公共の場所に行くときは、家を出る前に、自分が出す声の大きさの練習を済ませておくのがポイント。「アリさんの声、ぞうさんの声」がそれぞれどれくらいの声の大きさかをわかった状態で、電車に乗るようにしましょう。

それでは、ここから5〜9歳にかけるべきフレーズを紹介します。

▶ 5〜9歳

状況 言ったことをやらない

✖ 怒りフレーズ

なんで言った通りにしないの！

○ 言いかえフレーズ

どう言えば
わかりやすかったかな？

POINT

「本当はできるのに、ママがうまく伝えられていないんだよね。理解できてないからそんな行動になってるんだよね」という雰囲気を伝えましょう。

実際に、わざと言うことを聞いていないのではなく、何を言われているかわからないからうまく行動に移せないというパターンも多いのです。

いろんな伝え方を試して、一番子どもが理解しやすい伝え方を模索していきましょう。

| 状況 | 朝、なかなか起きてこない |

✗ 怒りフレーズ

早く起きなさい！ 遅刻するよ

○ 言いかえフレーズ

早く顔が見たいな

POINT

　朝は気持ちをリセットする大事な時間です。
　朝、親からの愛情を感じられると、1日の始まりがポジティブになります。
「早く顔が見たい」と伝えることで、「ママが自分に会いたいと思ってくれている」と、子どもに安心感や喜びが生まれます。
　また、「ママが待っているなら」と思って起きる習慣もつきやすくなります。無理に起こされると、子どもは自分で起きる気持ちが芽生えません。
　朝から愛されている気持ちがあふれる一言で、心地良い1日をスタートさせてあげましょう。

| 状況 | 反抗的な態度をとる |

✗ 怒りフレーズ

ちゃんと聞きなさい！

○ 言いかえフレーズ

そんな態度だったらママは悲しい

POINT

　反抗的な態度にはなんらかの理由があり、抱えている不満や感情が表に出ていることも多いです。

　単に「ちゃんと聞きなさい」と言うよりも、親がその態度を見て「どんな気持ちになったか」を素直に伝えることが大切です。

　すると、子どもは「自分の行動が相手にどう影響するのか」を考えるキッカケになります。

　普段はなかなか素直に感情表現をしないかもしれませんが、「ママは悲しい」と親自身が素直に感情を表現できるようになることで、子どもも自分の気持ちを言葉にできるようになっていきます。

状況　宿題をしない

✕ 怒りフレーズ

宿題しないとバカになるよ

○ 言いかえフレーズ

がんばるところが見たいな

POINT

　宿題や勉強は、どうしてもやる気が湧かないときがあるものです。

　しかし、親から「見てるよ」「応援しているよ」と言われると、少しがんばってみようかなと思えることがあります。

　こうした声かけは、子どもの「見てもらえている」「応援されている」「ほめてもらえている」という気持ちを引き出し、少しでも自分の力でやってみようという意欲を育てます。

状況　ほかの子と比べてできないことが多い

✗ 怒りフレーズ

○○君(ちゃん)はできるのに、あなたは！

○ 言いかえフレーズ

あなたのペースでいいんだよ

POINT

　他人と比べて怒られると、子どもは「自分はダメだ」と感じてしまいます。

　一方で、「あなたのペースでいい」と伝えれば、他人と比べず自分のやるべきことに集中する大切さを感じられます。

「自分ができる範囲で努力すれば大丈夫だ」と思えることで、無理して人と同じようにする必要はないと感じられるのです。

　成長には個人差があり、親もそのペースを尊重してあげることで、子どもは自分を受け入れ、他人と比較せずに自己成長を目指せるようになります。

> **状況** 動画に夢中になって、ほかのことができない

✘ 怒りフレーズ

約束したでしょ？ もう終わって！

○ 言いかえフレーズ

自分で終わることができるのは
すごいよ！
次の時間も楽しめるように、
今は終わる準備をしようか

POINT

　子どもは、一度好きなことに夢中になると周りが見えなくなりがちです。しかし、無理にやめさせてしまうと「怒られた」「自分はダメだ」と感じ、自己肯定感が下がることもあります。

　やめることをネガティブにとらえさせず、「次の楽しみにつながる」と思えるような声かけを意識してみましょう。

　また、時間管理ができる経験を積ませることで、「自分の行動をコントロールできる」という自信にもつながります。

　できたときに"しっかりほめる"ことを忘れないようにしましょう。

| 状況 | 友達に意地悪をしている |

✕ 怒りフレーズ

あなたはひどい子だね

○ 言いかえフレーズ

いったい何があったの？

POINT

9歳までは、悪意を持って意地悪することはほとんどありません。
「何か嫌なことがあったのかもしれない」と考えてみましょう。

行動の背景にある感情や動機を理解することで、子どもの気持ちを尊重しながら、行動の改善をうながすことができます。

気持ちをていねいに聞き取ることで、子どもは「見守られている」「わかってもらえている」と、心を落ち着かせることができます。

第4章 「自己肯定感」を高めるフレーズ

| 状況 | クソババアなどの暴言を吐く |

✘ 怒りフレーズ

ひどい！
なんでそんなこと言うの！

○ 言いかえフレーズ

そんなこと言われても、
ママは大好きだけどね

POINT

　どんなに暴言を吐いても、子どもはママが大好きです。

　かまってほしかったり、反応を見たかったり、アピールしたくて、あえて良くない言葉を選んでいる場合もあります。

　対抗して言い返すのではなく、大好き攻撃をすると効果的です。
「どんな状態でもあなたのことを大切に思ってるよ。そんなこと言われたら悲しむよ」と根気強く伝えていきましょう。

状況 ひたすら話をしていて行動が進まない

✕ 怒りフレーズ

うるさいな、さっさとしてよ

◯ 言いかえフレーズ

お話ししてくれるのはうれしいけど、
今は〇〇の時間だね。
続きはあとで聞かせてくれる？

POINT

　話をたくさんするのは、子どもの「聞いてほしい」「認めてほしい」という気持ちの表れです。

　その気持ちを否定せずに、話を聞くことと行動をうながすことを両立させる声かけが大切です。

　たとえば、「お話すごくおもしろいね！　じゃあ、〇〇をしながら続きを聞かせてくれる？」というように、行動とセットにするとスムーズに進められます。

　また、「お話をちゃんと聞きたいから〇〇が終わったらゆっくり聞かせてね」と伝えることで、子どもは「自分は大切にされている」と感じながら、行動の切り替えができるようになります。

状況 周りの子と比べて、わが子が問題児だと感じられる

✕ 怒りフレーズ

なんでこんな子に
なってしまったの？

◯ 言いかえフレーズ

今はどんな気持ちなの？
一緒に考えよう

POINT

　親が子どもの行動に悩むとき、どうしても「なぜ、こんな子になってしまったのだろう……」と思ってしまうことがあります。

　しかし、子どもの行動の背景には、必ず何かしらの感情や考えがあるものです。
「今はどんな気持ち？」と問いかけ、子どもの内面的な感情を一緒に探ることで、親も子どももお互いの気持ちに気づくことができます。

　親が子どもの気持ちに寄り添おうとすると、子どもも「自分を理解しようとしてくれている」と感じ、安心感や信頼感を得ます。

COLUMN

「なんで?」はどんな言葉に
言いかえればいいの?

　ママが「なんで?」という質問を投げかけることは、子どもの思考力を鍛える効果があります。

　しかし、使い方には少し注意が必要です。

　なぜなら「なんで?」と聞かれると、子どもが責められているように感じてしまうことがあるからです。

　特に怒りたくなる場面では、「なんで?」という言葉を避けたほうがいいでしょう。

　ではどうすればいいのでしょうか?

　答えは「なんで?」を「何?」に置き換えることです。
たとえば、

【0〜1歳児】
「なんでそんなもの触るの?」
→「何をしたかったの?」

【2〜4歳児】
「なんでお友達のおもちゃを取ったの?」
→「何を使いたかったの?」

【5〜9歳児】
「なんでそんな言い方するの?」

COLUMN

→「何を伝えたかったの?」

　親は単に理由が知りたくて聞いたことでも、子どもは「自分は悪いことをしてしまったんだ」と思い込んでしまうことがあります。
　代わりに「何がしたかったの?」と聞けば、子どもを責めることなく気持ちを引き出せます。
　このように小さな言葉の工夫を積み重ねることで、子どもの自己肯定感を高めていくことができるのです。

第 5 章

「やり抜く力」をつける フレーズ

くじけず目標達成する子に育つ
19の言葉

なぜ、集中力が下がっているのか？

　やり抜く力とは、目標に向かって計画を立て、それを実行し最後までやり遂げる力のことです。

　この力があれば、子どもは困難に直面してもあきらめず、ねばり強く取り組むことができます。

　一説には、**現代の私たちの集中力は金魚以下とも言われるようになりました。情報があふれ、受ける刺激が多すぎるからです。**

　たとえば、YouTubeの視聴も、気になる部分だけを見たり、広告をスキップしたりと、じっと待つことが難しくなっています。

　大人でもそうなのですから、子どもはなおさらです。

　生まれたときから情報社会にいる子どもにとって、一つのことに集中してやり抜く力は、意識して鍛えなければならない力になっています。

　発達心理学的な視点では、2歳頃にどのように集中力を育むかが重要なポイントとなります。

　この時期、子どもはひとりごとを話しながら何かに夢中になっていることが多く、また、自分の世界に没頭して周囲の声が聞こえなくなることもあります。

　そんなときには、決して行動を止めることなく、そっと見守ってあげましょう。

努力できる子、挑戦できる子の特徴

では、やり抜く力はどうすれば身につくのでしょうか。発達心理学、子育てコーチング、NLPの視点からお話ししていきます。

● 発達心理学の視点

やり抜く力は、子どもが**何か困難なことに直面したとき、あきらめずに挑戦し続ける力**を育てます。

あきらめずに挑戦する経験が積み重なると、「次も、がんばればできる！」という気持ちが芽生えます。

小さな成功体験を積むことで、自分を信じる心が育ちます。

また、失敗を乗り越える力は、「挑戦してみよう！」という意欲や、「努力すれば報われる」という健全な心の基盤になります。

● 子育てコーチングの視点

やり抜く力を育てるには、子どもが「自分でできた！」という、達成を感じられる機会を増やすことが大切です。

たとえば、難しいことに挑戦したとき、「がんばったね！」「よくやったね！」と認めてあげると、子どもは「自分には価値があるんだ」と感じることができます。

たとえ失敗しても、「次はどうする？」と声をかけてあげることで、また**挑戦しようという気持ちが育ちます**。

これが、子どもが自信を持ち続ける土台になります。

● NLPの視点

やり抜く力を伸ばすためには、達成したい目標を、わかりやすく具体的にすることが大事です。

たとえば、「大きな積み木の塔をつくる」という目標を一緒に立て、それを少しずつ完成させていく過程で「ここまでできたね！」と具体的にほめてあげます。

成功した経験が積み重なると、子どもは「次もやってみたい！」と思えるようになります。そして、**その成功体験が次の挑戦への自信につながります。**

目標達成のために必要な8要素を高める！

やり抜く力があると、たくさんのメリットがあります。

① 計画力が育つ

やり抜く力があると、**目標を達成するために計画を立て、それを実行する力が身につきます。**

たとえば、「毎日１５分ずつ勉強する」と決めて実践すれば、目標を無理なく達成できます。

計画を成功させた経験が「やればできる！」という自信を育み、次の挑戦にも意欲的に取り組めるようになります。

② 危機管理力がつく

困難に直面したときも、**冷静に対処する力が育ちます。**

学校の課題でトラブルが起きたとき、計画を修正しながら目標に向かう力が養われます。

このように失敗を恐れず柔軟に対応できる力は、子どもが安心して新しい挑戦を続けるためのベースになります。

③ 目標を達成する力が強化される

目標達成力が育つと、**挫折せずに努力を続けられます。**

たとえば、「逆上がりができるようになる」という目標に向かって練習を続けた経験が、自信ややる気を育み

ます。この力は、将来の大きな目標を達成する原動力にもなります。

④ 効率良く行動できる

やり抜く力があると、**効率的に作業を進められるようになります。**

たとえば、宿題を早めに終わらせて遊ぶ時間をつくる、といった工夫ができるようになるのです。

この力は、生活を充実させるだけでなく、余裕を持った行動もできるようにしてくれます。

⑤ 期限を守れる

やり抜く力を育てることで、**約束や締め切りを守る習慣が身につきます。**

たとえば、宿題をきちんと提出することで、先生や友達からの信頼を得られます。

期限を守ることで達成感も得られ、次の目標に向かうモチベーションが高まります。

⑥ 責任感が育つ

責任感を持てるので、**自分の役割をきちんと果たすことができます。**

たとえば、グループ活動での約束を守ると、仲間からの信頼が深まります。

責任感がある子は、他者から頼られ、自分に自信を持てるようになるのです。

7 自己効力感が高まる

やり抜く力を育てると、小さな成功体験を積むことができるので、**「自分にはできる！」という自己効力感が高まります。**

この自信が、次の挑戦を楽しむ力へとつながります。

できなかったことが練習でできるようになることで、どんどん挑戦する意欲が高まります。

8 自分を管理する力が身につく

やり抜く力は、**自己管理能力を高めます。**

自己管理ができると、日常生活が充実し、「自分をうまくコントロールできる」という自信が育ちます。

やり抜く力を伸ばすことは、子どもが自分を信じ、次々と新しい挑戦をしていく力を育てます。

それでは、これから言いかえフレーズを紹介していきます。まずは、0～1歳にかける言葉です。

こう言いかえて「やり抜く力」を育てよう

▶ 0〜1歳

状況 寝返りやハイハイの練習中に泣いてしまう

✕ 怒りフレーズ

もうやらなくていいよ

○ 言いかえフレーズ

すごいね、
ちょっとずつできてきたね!
もう少しがんばってみる?

POINT

　努力を肯定し、小さな成功体験を積ませることで、挑戦を続ける意欲を引き出します。

　意欲を引き出すことで、うまくいかないこともがんばって達成しようとする力を育てられます。

| 状況 | ティッシュを何枚も出そうとする |

✕ 怒りフレーズ

こら！ やめなさい！

○ 言いかえフレーズ

最後まで出してみたいの？

POINT

　無限にティッシュを出そうとする行為は、0〜1歳児の子どもではよく見られる行為です。
「最後まで出したらどうなるんだろう」という興味関心が強いため、無理にやめさせようとしても、次の日もまた次の日も同じことをくり返します。
　一度、ティッシュの箱の底が見えるまで止めずに見守りましょう。
　そうすることで、最後まで続けるおもしろさを知ることができます。
　さらに、最終的にどうなるかがわかることで、ティッシュを出し続けるという行為自体もしなくなる場合が多いのです。

状況 チャイルドシートに座らせようとすると嫌がる

✗ 怒りフレーズ

早く座ってよ！

○ 言いかえフレーズ

座ったら車が動くよ！
どこに行くのか楽しみだね！

POINT

　子どもがその行動を取ることで得られる、楽しい未来をイメージできるような声かけをします。

　このような声かけをすることによって、自分の目標を達成するために「今取るべき行動は何か」を考える力を高めることにつながります。

状況 お風呂で髪や体を洗わせてくれない

✕ 怒りフレーズ

じっとしてて！

◯ 言いかえフレーズ

泡で遊びながらキレイにしよう！
終わったらもっと楽しい遊びが
待ってるよ！

POINT

　お風呂は、ただ体を清潔にするためだけではなく、遊びの一つととらえられるような、楽しい要素を取り入れていきましょう。

　また、洗わせてくれたあとは「キレイになったね」「これで○○ができるね」などと声かけをします。「髪や体を洗う行為そのもの」も、「体を洗い終わってから、好きな遊びができること」も、自分の行動によって、好ましい結果が得られる達成感を経験できるように工夫します。

状況 おむつ替え中に動き回る

✕ 怒りフレーズ

じっとしてよ！

◯ 言いかえフレーズ

おむつを替えたら
もっと気持ち良くなるよ。
終わったら遊ぼうね！

POINT

　おむつ替えの目的を伝え、やり遂げたあとの楽しみを想像させて協力をうながします。
　おむつ替えが完了した際には「スッキリしたね」「これで遊べるね」といった声かけで、本人がおむつ替えに協力できたことを認めてあげましょう。

それでは、ここからは2〜4歳へかけるフレーズを紹介します。

🚩 2〜4歳

状況 ほかの子どもと、おもちゃを取り合っている

✗ 怒りフレーズ

おもちゃを渡しなさい！

○ 言いかえフレーズ

どうやったら一緒に遊べるかな？

POINT

　こだわりを持っておもちゃで遊んでいるときには、無理に引きはがすのではなく、それを使ってどうやったらその場を楽しめるかを聞いてみましょう。
　問題に対処する練習を通して、危機管理能力や責任感を育むことができます。

状況 遊びに夢中で次の行動ができない

✗ 怒りフレーズ

何してるの！ さっさと終わって！

○ 言いかえフレーズ

いっぱい遊んだから、
次はこんなのどうかな？

POINT

　子どもが遊びに夢中になって次にすべきことをしないと、親はイライラしてしまいますが、何かに夢中になることはとても良いことです。

　この時期に遊びに夢中になることで、集中力を高めることができます。

　無理に行動を変えようとせず、自分で次を選択できる声かけをすることで、子どもは自ら未来に起こる状態や、そのときに取るべき行動を想像するようになります。

| 状況 | 食事をぐずぐずしながら食べる |

✕ 怒りフレーズ

早く食べなさい！

○ 言いかえフレーズ

おいしく食べるには
どうしたらいいかな？

POINT

　お腹がいっぱい、疲れている、食事以外に興味を引かれる物（おもちゃなど）がある、など食事がスムーズにいかないのにはなんらかの理由があるはずです。

　ぐずぐずしている理由を本人なりに考えてもらいましょう。

　食事をいったんやめて、気になるものが視界に入らないように片づけて、食事に集中できる環境を整えてあげる。

　こういった対処をすることで、目標達成力、効率性、責任感を身につけることができます。

第5章　「やり抜く力」をつけるフレーズ

状況 夜、寝るのを嫌がる

✗ 怒りフレーズ

早く寝なさい！

○ 言いかえフレーズ

明日元気に遊ぶためには、
何時に寝るのがいいかな？

POINT

「明日元気に遊ぶ」という本人にとって意味のある目標を達成するために、「早く寝る」という好ましい行動を「自ら選択」する。

こういう行動を通して、計画性や管理能力を高めることができます。

状況 欲しい物をねだったり、順番を守れない

✕ 怒りフレーズ

我慢しなさい！

○ 言いかえフレーズ

どうやったら我慢できるかな？

POINT

　欲しい物があるときには、「それいいよね」。順番を守れないときには、「早くしたいよね」。

　このように共感する言葉をかけてあげて、そのうえで、どうしたらいいかを一緒に考えていきます。

　周りの状況に合わせて、自分の感情や行動をコントロールする経験が、やり抜く力を育てます。

| 状況 | 準備や行動に時間がかかる |

✗ 怒りフレーズ

早くやりなさい

○ 言いかえフレーズ

どうしたらもっと早くできるかな?
何からやるといいかな?

POINT

　子どもが準備や行動をなかなか始めない……。

　ダラダラと時間をかけている……。

　もしかしたら、子ども自身も早くしたいと思っているかもしれません。

　でも、どうしたらいいのかわからない……。そんなときには、具体的に何から行動すればいいのか、小さな一歩を一緒に見つけていきましょう。

　本人なりに考えて行動することを通して、計画力や責任感、効率性が身についていきます。

状況 ほかの子ができていることができない

✗ 怒りフレーズ

なんで、こんなこともできないの？

○ 言いかえフレーズ

どうしたらできると思う？

POINT

ほかの子が隣でできている様子を一緒に見ている場面では、「よく観察してみよう」「何が違うかな？」「どんな工夫ができそう？」と声かけしてみましょう。

できることが前提の声かけをすることで、自分でその方法を見つけようと考えます。

状況 普段できていることをしない

✗ 怒りフレーズ

ちゃんとやって！

○ 言いかえフレーズ

応援してるよ、がんばってる姿を見てみたいな

POINT

歯を磨く、靴をそろえるなど、普段できていることができないとき、「いつもできてるんだから、がんばってよ」と思いますよね。

大人が会社に行きたくないときがあったり、サボりたいと思うときがあるように、子どもも普段できていることでもやりたくないときがあります。

一度できたことは、できなくなることはありません。調子が悪くてできていないだけ。寄り添いながら応援してあげましょう。

それでは、ここから5〜9歳の子にかけるフレーズを紹介します。

▶ 5〜9歳

状況 宿題を後回しにしようとしている

✕ 怒りフレーズ

早く宿題しなさい！
いつやるつもり？

○ 言いかえフレーズ

どの時間に宿題をすると
一番いいかな？

POINT

　「早くしなさい！」と言われると余計やる気を失います。一方で、自分で決めたことは守りたくなります。

　いつ宿題をするのかを自分で決められるように、聞いてみましょう。

　期限を守って効率良く終わらせる、優先順位を考えて行動するなどのトレーニングになります。

| 状況 | なかなか勉強を始めない |

✕ 怒りフレーズ

今日は、ここまでやりなさい！

⭕ 言いかえフレーズ

どのくらい進められそう？

POINT

　人に言われていやいや行動したときの力を「1」とすると、自分で行動したときの力は「2.56」と言われます。
「どのくらい進められるか」と聞かれると、「○○までできる」と自分で計画を立てやすくなります。自らやると決めることで意欲や責任感を持つことができ、最後までやり遂げることにつながるのです。

| 状況 | やるべきことに途中であきている |

✗ 怒りフレーズ

最後までやりなさい！

○ 言いかえフレーズ

どうしたら最後までできるかな？

POINT

「最後までできる」ことが前提となる質問をすることで、途中であきらめるという選択ではなく、やり抜くためにはどうするか、を考えられるようになります。

モチベーションが続かないときも、工夫してやり抜く練習になるのです。

> 状況　友達と遊ぶ約束をしているが、時間に遅れそう

✗ 怒りフレーズ

早く準備しなさい！

○ 言いかえフレーズ

どうやって早く準備する？

POINT

　この声かけをしてもできないときには、準備の工程を細かく分けて、一つひとつ伝えてあげましょう。
　具体的な手順を考えることにより、スケジュール通りに行動するための段取りができるようになります。

| 状況 | ゲームに夢中で時間を忘れている |

✕ 怒りフレーズ

ゲームをやめなさい！
取り上げるよ！

○ 言いかえフレーズ

時間を決めて遊ぶと、
ほかのこともできるよ

POINT

　ゲームに夢中で時間を忘れている子どもに、「ゲームをやめなさい！」と言っても中断するのは難しいでしょう。

　ゲームを始める前に、終わる時間を決めさせましょう。
「取り上げるよ」といった脅しによって、行動をコントロールするのはいい結果にはなりません。

　なぜ、長時間するのは良くないのか、家庭ごとのルールを事前に子どもと共有しておきましょう。

| 状況 | 決めたルールを守らない |

✗ 怒りフレーズ

なんで、自分で決めたのにできないの

○ 言いかえフレーズ

何があったのか教えてくれる?

POINT

　子どもが自分で決めたことを達成できなかったときには、きっと理由があります。大した理由ではないかもしれませんが、子どもなりの想いをしっかり受け止めてあげましょう。
　「決めたことを絶対に守らないといけない」というプレッシャーを与えてしまうと、決めることをしなくなってしまうかもしれません。柔軟に対応していいということを教えてあげましょう。
　つまずいていることを解決する方法を一緒に考え、改善していくことで、徐々にそれができるようになっていきます。

COLUMN

子どもにとって食事は、負荷の大きい作業

「ごはんを食べてくれない!!　毎日毎日食事の時間が憂鬱です……」

こんなお悩みをよく聞きます。

実は、**育児のなかでママの悩みのNO.1は「食事」**なんです。

・座って食べられない
・好き嫌いが多い
・食べる量が少ない
・食べる量が多過ぎる
・甘い物しか食べない
・つくるのが大変

などなど、生まれた直後の母乳やミルクを与える時点から、「この量でいいのかな」「元気良く飲まないけど大丈夫かな」「飲みすぎてるけどいいのかな」といった不安がつきまといますよね。

数ある食事の悩みの中でも今回は、

「食事中にじっと座っていないし、食べる量も少な

COLUMN

い！！」

　という悩みを解決していきましょう。

　食事をするというのは、とってもやることが多く、大変なことだということをまずは知っておいてください。どれだけのやることがあるのか、分解してみましょう。

・お腹が空いたことに気づく
・どこが自分の席かがわかる
・自分の席に座る
・スプーンがあることがわかる
・スプーンを手に取る
・食べ物をすくう
・口まで運ぶ
・食べ物を入れられる大きさに口を開ける
・口の中に入れる
・もぐもぐする
・飲み込めるかなと考える
・ゴクっと飲み込む
・もう一度食べ物に手を伸ばす

　本当はもっと細かくできるほど、**自分で食事をするってものすごい工数をかけて行なう一大イベント**なんですね。

　なので、座ってもぐもぐ食べるだけで奇跡的にすば

COLUMN

らしいことだと知っておいてください。

　そのうえで、ではどうやって座って食べるようにするかというと、4つポイントがあります。それぞれ解説していきますね。

【座る合図を決めておく】

　我が家では「おしりぺたんこ、背筋ビシッと」というかけ声が座る合図です。

　体がじっとしなくなってきたら「おしり」と言うと、息子は「ぺたんこ」と言って座り直します。

　体がグネグネしてきたら、「背筋」と言うと、息子が「ビシッと」と言って正します。

　合言葉があるだけで楽しくなりますね。

【ごはんを下げるルールを決めておく】

　たとえば、3回席を立ったらごはん終了というようなルールを決めておきます。

　食べてほしいという気持ちがあると、何度立ってもそれを許して食べることを優先しがちですよね。

　ただそれだと、遊んでも結局お腹いっぱい食べられると子どもは覚えます。

　本当にお腹がペコペコなときは、一生懸命食べようとしますよね。なので、立って遊び始めたということは、お腹がいっぱいの合図かもしれません。無理に食

COLUMN

べさせなくてもいいと私は考えています。

【間食を減らす】

集中して食べられない理由の一つに、お腹が空いていないということがあります。

甘いおやつばかり食べていませんか?

必要以上に間食していないですか?

なるべくお腹がペコペコの状態をつくりましょう。おやつの時間を楽しみにしているような子は、おにぎりやおかずをあげるのもいいですね。

おやつは甘いお菓子でなくてはならないということはありません。ちなみに、私が小さい頃は、野菜スティックをおやつで食べていました。とても喜んで食べていた記憶があります。

ごはんのタイミングでお腹が空いている状態をつくることと、甘くないおやつを与えるのを意識してみてください。

【しっかり食べているときに承認する】

食べていないときに「食べなさい」。座っていないときに「座りなさい」。行儀が悪いときに「行儀悪いよ」。つい、こう言ってしまいます。

でも、ずっと食べないわけではないし、ずっと立っているわけではないし、ずっと行儀が悪いわけではな

COLUMN

いですよね。

　食べているときに「食べてるね」、座っているときに「座ってるね」、行儀がいいときに「カッコいいね」と伝えていますか？

　できているときこそ、声かけのチャンスです！

　その状態がすばらしいんだよ！　ということを伝えてあげてくださいね。

　そうすることで、これがいい状態なんだ！　こうするとママは喜んでくれるんだ！　と覚えてくれますよ。

　これらを全部試してもうまくいかない場合は、偏食改善についての指導も行なっているので、お気軽にご相談ください。

第 6 章

「創造力」を豊かにするフレーズ

柔軟な発想を生む21の言葉

これから最も大事になるのは創造力！

　創造力とは、新しいアイデアや発想を生み出し、それを実際に形にする力のことです。

　子どもにとって、この力が伸びることは、問題解決力や柔軟な考え方を育むためにも、とても大事なんです。

　特にこれからの時代では、「創造力」の価値がさらに増していくでしょう。

　今後、AIの発展スピードはさらに加速すると言われ、私たち人間が一生懸命答えを探したり覚えたりしなくてもいい時代が来るかもしれません。

　そこで重要になるのが、**AIが出してきた答えや情報から、さらに新しいアイデアや解決策を生み出す力**であり、それが「創造力」なんです。

　この創造力を育てるには、子どもが「自由に考える」ことを許され、好きなことを思いっきり想像して遊べる環境が必要です。

　特に、6歳頃までは、子どもはすべてのものに命があるように感じているので、石に名前をつけたり、車に向かって話しかけたり、見えない敵と戦ったりと、自由な想像の世界にどっぷりと浸かっています。

　私の息子は4歳のとき、ウルトラマンに夢中になっていて、突然壁からバルタン星人が出てきたり、１００人以上の敵と家の中で戦ったりしていました。

この「壮大な想像の世界」に没頭する時間こそ、創造力を豊かに育むための貴重な時間です。
　この時期に、**子どもが想像したことに「そんなはずないよ」とか「バカなこと言わないで」といった否定的な言葉をかけてしまうと、せっかくの創造性が閉ざされ、自由に表現するのをやめてしまう**ことがあります。
　一番の理想は、一緒になってその世界に入り込むこと。
　たとえば、「バルタン星人はどうやってここに来たの？」と一緒にその話の続きを考えてみるのも楽しいでしょう。
　けれども、毎日忙しい中で、こういったやりとりを根気強くやるのは難しいかもしれません。
　そんなときは、「いいね！　それでどうなってるの？」と興味を示し、話を聞くだけでも十分です。
　まずは、想像を否定せず受け入れてあげることで、子どもは安心して自分の世界を広げることができます。
「想像していいんだ」「自分の考えを楽しんでいいんだ」と思えることが、将来の豊かな創造力へとつながります。
　創造力は、子どもが未来で「自分らしく自由に羽ばたく」ための大切な土台となるのです。

「自主性」と「自己表現」のレベルが上がる理由

　創造力を伸ばすことに意味があると私が考える理由を、ここでお話ししておきます。

● 発達心理学の視点

　発達心理学では、創造力を育てることが子どもの脳の発達にとても大切だとされています。

　自由に想像し、考える時間を持つことで、**脳が活発に働き、柔軟な思考ができるようになり、問題解決の力も高まります。**

　特に幼児期は、創造力を養う遊びを大切にすることで、将来、複雑な課題にも柔軟に対応できる力が育まれます。

　自由な発想を支える環境は、子どもの成長に欠かせない基盤です。

● 子育てコーチングの視点

　創造力を伸ばすことで、子どもは**自分の考えを形にする「自己表現力」と「自主性」を育てることができます。**「こうしたい」「これが好き」という気持ちを大切にすることで、子どもは自分らしさを発見します。

　親が「いいね！」と肯定的な声をかけるだけで、子どもは安心して新しいことに挑戦し、自信を持てるようになるのです。

● NLPの視点

NLPでは、創造力を伸ばすことで**「できる！」という自信や、「将来こうなりたい」という目標をイメージする力が育つ**と考えます。

絵を描いたり、物語をつくる経験を通じて、自分で考えたことを形にする力を身につけていきます。

さらに、親がポジティブな言葉でサポートすることで、子どもは「未来の自分」を楽しく思い描き、その夢に向かって進むモチベーションを持てるようになります。

創造力は、未来を切り拓(ひら)く力です。

創造力を高めると8つの能力も同時に上がる

創造力が身につくと、具体的に次のようなメリットがあります。

❶ 発想力が豊かになる

創造力を伸ばすことで、子どもは**自由に発想し、新しいアイデアを生み出す力がつきます。**

発想力があると、「これを使ったら、もっとおもしろくなる！」といったアイデアが生まれます。

こうした体験を重ねることで、子どもは次々に新しいアイデアを考えるようになり、自分の力で楽しい世界をつくり出すことができるのです。

❷ 問題発見・解決力が高まる

創造力がある子は**自分で「ここが問題だ」と問題を見つけ、その解決策を考えられるようになります。**

問題を発見し、解決する力は、日常生活や学びの場で大切なスキルです。たとえば、壊れたおもちゃを修理したいと考えたときに、「どうすればいいかな？」と工夫することは、問題解決力を養う絶好の機会です。

小さな問題を見つけ、自分なりに解決してみる経験が積み重なることで、子どもは成長しながら解決力をしっかりと身につけていきます。

③ 応用する力が伸びる

創造力が高まると、**学んだことを新しい場面で応用する力が育ちます。**

応用力があれば、学校で学んだ知識を家庭での実験に使うなど、習ったことを実生活に活かすことができるようになります。

これは、単に覚えた知識を使うだけでなく、新たな発見や楽しい気づきにつながります。

応用力があると、いろいろなことに興味を持ち、楽しさも広がっていきます。

④ 柔軟性が身につく

創造力を育てると、**物事が予定通りにいかなくても柔軟に対応できる力が身につきます。**

計画が変わったり、予想外のことが起きたときに「じゃあこうしよう」と新しい方法を考えられる柔軟性が育つと、将来さまざまな変化に対処できます。

たとえば、遊びの途中で何かトラブルが起きても、機転を利かせて対応することができれば、子どもは自信を持って行動できるようになります。

柔軟性は、子どもが自分の力で状況を楽しむためにも欠かせない力です。

⑤ 自信がつく

創造力は、**「自分にはできる」という自信を生みます。**自分で考えたアイデアを実現する経験は、子どもにとって大きな成功体験です。

たとえば、工作や絵など、思い通りの形に仕上げてほめられたとき、「やればできる」という自信がつき、また挑戦したいという気持ちも生まれます。

創造的な活動に挑戦して達成感を味わうことで、次のステップにも前向きに進んでいけるようになり、自信を持ってさまざまなことに挑戦できるようになるのです。

⑥ 周りの人と協力できるようになる

創造力があると、**ほかの子どもと協力して何かをつくり上げることが楽しくなり、社会性が養われます。**

友達と一緒にアイデアを出し合って物をつくることで、チームワークや人を尊重する気持ちが育ちます。

学校や家庭での共同制作では、自分の考えだけではなく相手のアイデアも大事にしながら作品を完成させることで、お互いの気持ちを尊重する経験ができます。

社会性が育つと、周りの人との良好な関係が築きやすくなり、自然と協調性も高まります。

⑦ 自己表現が豊かになる

自分の考えや感情を自由に表現する力を育てるのも創造力です。

絵や物語を見聞きしたり、つくったりして、「自分はこう思っている」「こう感じている」と表現することは、自己理解と自己肯定感の向上にもつながります。

たとえば、描いた絵を親に見せて喜んでもらえたとき、「自分の思いを表現していいんだ」と安心できます。

こうした経験を積み重ねることで、子どもは周囲とコ

ミュニケーションを取れるようになり、自己表現が豊かで自信ある子に育っていきます。

❽ 集中力、継続力がつく

創造力を伸ばすと、**集中力と継続力も高まります。**

創造的な活動は「もっとやってみたい」という気持ちを生み、夢中になる体験を通して継続力は育つのです。

たとえば、夢中で工作をしているときに最後までやり切れた経験は、継続力をつけるキッカケになります。

継続力がつくと、どんなことでもねばり強く取り組む姿勢が身につき、さまざまなことに挑戦し続けることができるようになります。

子どもの「夢中になれる力」を大事に育てましょう。

それでは、創造力を妨げるイライラの場面を年代別に紹介しながら、怒り言いかえフレーズを解説していきます。まずは、0〜1歳にかけるフレーズです。

こう言いかえて「創造力」を高めよう

▶ 0〜1歳

状況 テレビの台によじ登る

✗ 怒りフレーズ

やめなさい！

○ 言いかえフレーズ

どうなってるか気になるね。
これは危ないから
一緒に見てみようか？

POINT

　赤ちゃんが何かによじ登る行動は、好奇心の表れ。「やめなさい！」ではなく、「気になるんだね」と共感しつつ、「危ないからこうしよう」と代替案を示すことで、安全を守りながら創造力を育てられます。

状況 触ってほしくない物を触ろうとする

✗ 怒りフレーズ

触らないで！

○ 言いかえフレーズ

興味があるんだね。
これを代わりに使ってみようか？

POINT

　この時期は、大人の真似をしたい気持ちから、大人が持っている物に興味を示し、触ろうとします。

　触ることを否定するのではなく代わりに触れる安全なアイテムを渡すことで、創造性を失わせないようにしましょう。

　代わりに手渡した物の使い方の説明を添えると、そちらに興味が移り学びにもつながります。

| 状況 | 触ると危険な物を触ろうとする |

✕ 怒りフレーズ

それはダメ！

○ 言いかえフレーズ

危ないからやめようね。
こっちだったらいいよ

POINT

先ほどの「触ってほしくない物」と今回の「触ってはいけない物」では明確に伝え方を変えるように心がけましょう。

もちろん、触ると危険な物が視界に入らないように環境整備をしてあげるのが理想です。

しかし、もし危険な物が視界に入って触ろうとしたときは、「ストップ！」とただ制止するだけではなく、なぜ触ってはいけないのかの理由を説明してあげましょう。

子どもの興味を満たしつつ、触ってもいい物を提案しましょう。

状況 なんでも口に入れたがる

✘ 怒りフレーズ

口に入れないで！

○ 言いかえフレーズ

どんな味がすると思う？

POINT

　物を口に入れる行動は、感覚を通じて学ぼうとする姿勢の一環です。
　口に入れたり出したりする行動は、本能的に安全かどうかを確認する作業でもあります。
「味はどうかな？」と興味を引き出しつつ、口に入れると危険な物の場合は、代わりになる安全な物を渡してあげましょう。

| 状況 | 絵本を破ろうとしたり、ページをガサガサめくろうとする |

✗ 怒りフレーズ

破れるからやめて！

○ 言いかえフレーズ

ゆっくりめくってみよう。
次のページには何があるかな？

POINT

　絵本への乱暴な扱いは、興味の裏返し。

　否定せず、「次のページには何があるかな？」と、楽しみを共有しながら、優しく扱う方法を教えましょう。

　くり返し対応することで、絵本に対する興味が強まり、想像力が育ちます。

状況 哺(ほ)乳(にゅう)瓶(びん)やスプーンを振り回して遊ぶ

✗ 怒りフレーズ

遊ばないで飲んでよ!

○ 言いかえフレーズ

スプーンはどんな音を出すかな?
ほかの物も試してみよう

POINT

　子どもにとってスプーンや哺乳瓶で遊ぶ時間は、音を出したり、手の感覚を試したりする学びの時間です。

　この時期の子どもは、道具を通して周りの世界を探っています。物で音を出したり、振ったりする中で新しい発見を楽しみます。

　親が一緒にその音を楽しむことで、子どもの「これを試してもいいんだ」という感覚が育ち、創造的な遊びをする可能性が広がります。
「食器で遊ばない」という食事のマナーを教えるのは、もっと大きくなってからで大丈夫です。

ここからは、2〜4歳にかけるフレーズです。

▶ 2〜4歳

状況 空想の世界で遊んでいる

✖ 怒りフレーズ

また変なこと言ってるね

○ 言いかえフレーズ

そのお話、おもしろいね！
次はどうなるの？

POINT

　空想の世界に入り込むことで、子どもは自分の想像した世界をどんどん広げていきます。
「次はどうなるの？」と続きを聞くことで、子どもはさらにその想像力を発揮して、空想の世界をつくり上げていきます。
　子どもがつくり上げたものを肯定することで、何もないところから新しいものを生み出していく創造力を伸ばし、自信がつけられます。

| 状況 | 家を出る時間なのに動き出さない |

❌ 怒りフレーズ

早くして！遅刻するでしょ

⭕ 新フレーズ

お出かけの準備、
できたら素敵だね！
次は何をすればいいかな？

POINT

　この頃の子どもは、まだ時間の感覚があいまいで、親が急かしても自分のペースを優先しがちです。
　小さなゴールを設定して、一つひとつ次の行動を示してあげましょう。
「次は何が必要かな？」と、未来を予想しながら自分で考えて行動できるようになっていきます。
「ママはこうしようかな」とヒントを出しながら、先に準備を終えて玄関で待つのも一つの手です。

| 状況 | お店の売り物のおもちゃで遊びたがる |

✗ 怒りフレーズ

それはダメ

○ 言いかえフレーズ

どうやって遊ぶといいと思う?

POINT

　新しいおもちゃに触れたい気持ちは、探究心と創造力の表れ。
「ダメ」と制限するのではなく、「どうやって遊ぶ?」と興味を引き出す声かけをすることで、そちらに思考が移り、新しいアイデアや遊び方を発見するキッカケを与えられます。
　実際に触れるのではなく、頭の中で想像させるようにしましょう。

> **状況** 泥んこ遊びをしたり、水たまりでジャンプしたがる

✕ 怒りフレーズ

汚れるからやめなさい！

◯ 言いかえフレーズ

あとで一緒にキレイにしようね！

POINT

　泥んこ遊びは感覚を刺激し、創造性を伸ばす遊びの一つです。

　「汚れるからやめなさい！」と行動を制限せず、「何がつくれるの？」と問いかけてみましょう。

　汚れたあとにキレイにする方法を一緒に考え、汚れたらキレイにするルールを伝えることで、遊びも後始末も楽しく取り組めます。

| 状況 | 積み木などで無理な積み方をして、すぐに崩れそうなものをつくる |

✕ 怒りフレーズ

そんなの崩れるに決まってる！

○ 言いかえフレーズ

おお、これはチャレンジだね！
どうしたらもっと高くなるかな？

POINT

　積み木遊びでの挑戦は、失敗から学ぶ良い機会。「崩れる」と否定せず、「どうしたら高くなる？」と問いかけて、自分で考える力をサポートしましょう。

　成功したときの喜びが、次の挑戦への意欲を生みます。

状況 おもちゃを本来の使い方以外で使い始める

✕ 怒りフレーズ

そんな使い方しないで！

○ 言いかえフレーズ

それはおもしろそうだね！
どうなるのかな？

POINT

　おもちゃの自由な使い方は、創造性が発揮されている証拠です。
「使い方が違う」と否定するのではなく、子どもの発想に寄り添い、「何をつくるの？」「何をやるの？」と聞くことで、新しい遊びの発見を楽しむ姿勢を見せましょう。

| 状況 | 話を聞いていない |

✗ 怒りフレーズ

ぼーっとしないで！

○ 言いかえフレーズ

どんなことを考えているの？

POINT

　ぼーっとしているように見える時間も、子どもにとっては創造力を伸ばす貴重な時間です。
　子どもの頭の中では自分だけの物語をつくったり、今日の出来事を振り返ったりしています。
「どんなことを考えているの？」と聞くことで、その想像の世界に入り込み、子どもの考えを引き出してみましょう。
　具体的な答えが返ってこなくてもいいのです。まだ、うまくまとめて答えを話す力がついていないだけです。子どもが自分なりに答えを探したり、それを伝えようとする過程を、対話を通じてサポートしてあげましょう。

状況 　**時間がないときに話しかけてくる**

❌ 怒りフレーズ

時間がないからあとにして！

⭕ 言いかえフレーズ

これが終わったら聞かせてね

POINT

　忙しいときに話しかけられる場面でも、子どもの創造的な思考やアイデアを否定せず、肯定的に受けとめることが大切です。

　「その話をあとで教えてね」と伝えたら、約束通り、あとでじっくりと子どものアイデアを聞き、一緒に発想を広げていきましょう。

　たとえば、「そのアイデア、絵に描いておいてくれる？」と提案すると、待つ間も創造的な活動につなげられます。

　こうすることで、忙しくても子どもの創造力を伸ばしながら、親子で共有する時間も楽しむことができます。

状況 キレイにした直後に汚される

✘ 怒りフレーズ

もう！今キレイにしたのに！

○ 言いかえフレーズ

わぁ、大変！
おそうじのお手伝い、
一緒にできるかな？

POINT

　キレイにそうじをした直後に飲み物をこぼされたり、トイレを失敗されたりすると、つい「せっかくキレイにしたのに……」とイライラしますよね。

　この時期は、まだまだ失敗をすることで成長する過程。一緒に解決する経験を通して、「どうしたらいい？」と考える力を育てるのが大切です。
「どうしたらキレイになるかな？」と問いかけると、自分でふく意欲が芽生えます。「おそうじ隊出動！一緒にお手伝いしてくれる？」と誘うと、楽しくそうじができます。
「次のために、どうしたらいいか？」を考えることで、創造力や問題解決力を育んでいきましょう。

ここからは、5〜9歳にかけるフレーズをご紹介していきます。

▶ 5〜9歳

状況 見えない世界に入り込んでいる

✖ 怒りフレーズ

頭がおかしくなったんじゃないの？

○ 言いかえフレーズ

その世界では
どんなことが起きてるの？

POINT

　見えない世界で遊ぶのは、子どもの想像力が全開になっている証拠です。
　年長さんや小学生になっても空想ばかりだと不安になってしまうかもしれませんが、9歳までは空想の世界が広がっていても何も問題ありません。
「その世界では？」と話を広げると、子どもはもっと自分の世界を話したくなり、さらに想像力を膨らませていきます。

状況 学校での出来事を空想で脚色しながら話す

✕ 怒りフレーズ

またそんな嘘ばっかり言わないで

○ 言いかえフレーズ

そんなことがあったんだね！
もっと詳しく聞かせてくれる？

POINT

空想で話を盛るのは、物語をつくる力の芽生え。「嘘」と決めつけずに「もっと聞かせて！」と興味を示すことで、子どもは話すことが楽しくなります。

この頃は、現実と空想が入り混じる時期でもあり、空想を通じて自己表現力や創造力が育つ貴重な時期です。

話のつじつまが合わなかったり、現実とは違ってもそれで良いと思って聞いてあげましょう。

> 状況 工作の材料を散らかしたまま、次のことを始める

✘ 怒りフレーズ

片づけもしないで
次のことをしないの！

⭕ 言いかえフレーズ

次のアイデアも楽しみだけど、
ここを片づけてからだと、
もっとやりやすいよ！

POINT

材料が散らかっていると、親としては「早く片づけて！」と言いたくなるものですが、子どもの創作活動の流れを止めるのはもったいないことです。「片づけたら、次の作業がもっとやりやすくなるよ」と伝えることで、片づけも楽しい活動の一部としてとらえられるようになります。

たとえば、「この箱に入れたら探しやすくなるね！」と具体的な片づけ方を提案すると効果的です。

片づけを「やらなきゃいけないこと」ではなく、「創作を続けるための準備」だと教えることで、創造性を保ちながら片づけの習慣も身につけることができます。

> 状況　遊びに自分ルールを加え、友達と対立する

✕ 怒りフレーズ

一人だけ違うことをしないよ！

○ 言いかえフレーズ

新しいルールをつくるなんて、
おもしろいね！
みんなが楽しめる方法も
考えてみよう

POINT

　自分ルールをつくるのは、創造性の表れ。

　相手の立場に立って気持ちを理解できるのは９歳頃になってからです。

　この時期は、まだまだ自分中心で楽しいことを考えたい時期です。

「みんなが楽しめる方法も考えてみよう」と提案することで子どもの個性を大事にしながら、他者を思いやる力も伸びます。

| 状況 | 紙やクレヨンなどをムダづかいしている |

✗ 怒りフレーズ

そんなもったいない使い方しないで！もう買わないよ！

◯ 言いかえフレーズ

どうやって使うのがいいと思う？

第 6 章　「創造力」を豊かにするフレーズ

POINT

　子どもが紙やクレヨンをムダに使っているように見えても、それは創作の過程の一部である可能性が非常に高いのです。

　つい「もったいない！」と叱りたくなりますが、それでは、子どもの創造力を抑え込んでしまいます。「どうやって使うのがいいかな？」と問いかけると、自分で使い方を考えるキッカケを与えられます。

　また、「これを使うともっといい絵が描けるかも」と提案したり、「この紙がなくなったらどうする？」と一緒に考えたりするのもいい方法です。

　創作の楽しさを維持しながら、資源を大切に使う感覚を自然と身につけさせることができます。

状況 うまくいかなさそうなことに挑戦している

✗ 怒りフレーズ

絶対うまくいかないから
やめなさい！

○ 言いかえフレーズ

どうしたらうまくいくか
考えてみよう

POINT

　子どもが難しそうなことに挑戦しているとき、親としては「無理だよ」と言って止めたくなることもありますよね。

　でも、うまくいかない挑戦こそ、創造力や問題解決力を育てる貴重なチャンスです。

　試行錯誤の過程を見守り、「がんばったね」とその姿勢をほめることで、挑戦すること自体に価値を感じられるようになります。

　たとえうまくいかなくても、その経験が次の成功へのステップとなり、創造性と自信を同時に育むキッカケになります。

第 **7** 章

「語彙力」を鍛える
フレーズ

コミュニケーション力と理解力を
高める25の言葉

「語彙力」は、コミュニケーションと学力アップの土台

　語彙力とは、**知っている言葉が多く、それを上手に使える力のこと**です。

　子どもが豊かな語彙力を持つと、気持ちや考えを言葉で伝えることが上手になります。

　語彙力が高いと、自分の思いや意図を相手により正確に伝えられるので、コミュニケーションがスムーズになり、人との関わりが楽しくなるでしょう。

　そのため、子どもの世界でも人間関係がうまくいくのです。

　また、言葉の理解が深まることで、文章の読み書きも得意になり、学力アップにつながります。

　子どもがよくする「なんで？」「どうして？」という質問に対して、できるだけていねいに答えることは、語彙力を育むうえでとても重要です。

「なんで？」と問い続けることで子どもは新しい言葉や表現を学び、それを自分のものにしていきます。

　ママの声かけによって、子どもの語彙力を伸ばしてあげることは重要です。

考える力、理解する力は絶対必要!

語彙力を伸ばすと、コミュニケーション力も学力も上がりますが、その理由を具体的にお話ししていきましょう。

● 発達心理学の視点

語彙力は、**思考力や感情を理解する力、そして、他者とのコミュニケーションの土台となる大切なスキル**です。

言葉をたくさん知ると、自分の気持ちや考えを上手に伝えられるようになり、友達や家族との信頼関係が深まります。

また、本を読んだり話を聞いたりするときに必要な理解力も高まり、自分から新しいことを学びたいという好奇心が育ちます。

語彙力が豊かになると、学校の勉強や日常生活での自信にもつながり、成長にポジティブな影響を与えます。

● 子育てコーチングの視点

語彙力を育てることは、**子どもの自己表現力や自己理解を深める重要なカギ**となります。

言葉を増やすことで、「こんなふうに感じた」「こうしたい」と具体的に伝えられるようになり、親子の会話も自然と深まります。

さらに、新しい言葉を覚えることで「できた!」とい

う成功体験が増え、自己肯定感も育つのです。

親が一緒に新しい言葉を使いながら会話を楽しむと、子どもは「自分が身につけた言葉で話すことが大切なんだな」と感じ、のびのびと自分の考えを表現できるようになります。

● NLPの視点

NLPでは、語彙力を伸ばすことで、**より豊かな自己表現ができるようになるだけでなく、他人の気持ちを理解する力も育つ**と考えます。

言葉の選択肢が増えると、困ったときにも自分を励ますポジティブな言葉をかけやすくなり、自信を持って行動できるようになります。

また、相手の話を理解し、自分の言葉を調整して伝えることで、信頼関係を築きやすくなります。

語彙力は、柔軟な思考や新しい挑戦を後押しする力を引き出し、人間関係を豊かにする重要なスキルです。

語彙力が支える8つの成果とは?

語彙力がつくと、具体的に8つのメリットがあります。

❶ 人間関係が豊かになる

語彙力が高まると、より多くの言葉を使って自分の気持ちや考えを伝えられるため、**他者とのコミュニケーションがスムーズになります。**

友達と遊ぶ中で「これがいい」とただ伝えるのではなく、「こっちのほうが楽しいから、これにしよう!」と少しでも具体的に伝えられると、相手もわかりやすく安心して対応できます。

適切な表現を使えるようになると、誤解を減らしながら自分の意思をしっかり伝えられるため、人間関係のトラブルも減ります。

語彙力が上がることで、子どもは他人と積極的に関わる自信を持てるようになります。

❷ 読解力が向上する

多くの単語を知っていると、**文章の意味や文脈をより深く理解できるようになり、読解力が高まります。**

学校の教科書を読む際も、知らない単語が少ないほど内容を理解しやすいものです。

また、読書が好きになり、読みながら「これってどういうことかな?」と考える力もつくので、自分の考えや

意見を持ちやすくなります。

読解力が高いと学習に対する興味も増し、さらに語彙が増えていく好循環が生まれます。

日常生活や学習での理解力が高まることで、子どもは自分に自信を持ちやすくなるでしょう。

③ 作文力が高まる

語彙力が豊かになると、**作文や日記を書くときに表現力が増し、自分の思いや出来事を生き生きと伝えられるようになります。**

たとえば、夏休みの出来事を「楽しかった」とだけ書くのではなく、「海で大きな魚を見つけてびっくりした」と具体的な描写ができると、読む人にも情景が伝わりやすくなりますよね。

表現の幅が広がると、自分の気持ちを正確に表すことができ、読んだ人に感動を与えることもできます。

作文力が高まると、自分の意見や感情を伝える楽しさを感じ、文章を書く意欲もわいてくるでしょう。

④ 社会性が身につく

豊かな語彙力があると、**友達や大人と円滑にコミュニケーションをとることができ、社会性が育まれます。**

たとえば、ディスカッションや遊びの中で相手の気持ちに配慮した表現を使えると、お互いに安心して意見を出し合えます。

また、適切な言葉づかいができると周囲に良い印象を与えるため、自然と信頼関係が築かれていきます。

社会生活の中で、相手に「話を聞いてもらえる」「話が伝わる」という成功体験を重ねると、子どもは他人と関わることに自信を持ち、積極的に社会に参加していけるようになるのです。

❺ 学力が向上する

　語彙の多さは、国語に限らずすべての教科の学習において大きな基盤となります。

　さまざまな教科書や問題文の内容を理解しやすくなるため、知識の吸収がスムーズに進みます。

　たとえば、数学や理科で新しい概念を学ぶときも、語彙力が高いと内容の意味を正確に把握しやすく、学習の効率が高まります。

　言葉の理解力が高いと、テストの解説や授業での説明も自然と頭に入ってくるようになるため、学力全体が底上げされていきます。

　語彙力を伸ばすことは、子どもの学習意欲や成績の向上に直結するのです。

❻ 自信が生まれる

　語彙力がある子は、**自分の考えをしっかり表現できるようになるため、自信を持てます。**

　たとえば、発表やスピーチで自分の意見を堂々と述べられるようになると、「自分には言葉で伝える力がある」という感覚が強まり、自己肯定感が育まれます。

　語彙力があると、周りから「わかりやすいね」「上手だね」とほめられる機会も増えるため、よりいっそう自

信が深まります。

自己表現がスムーズにできると、人前で話すのも楽しくなり、どんな場面でも積極的に発言しようとする気持ちが育ちます。

7 創造性が伸びる

多くの言葉を扱えると、**頭の中でいろいろなことを想像しやすくなるため、創造力が高まります。**

さまざまな表現ができることで、物語を考えたり、新しい遊びを発想したりする力が育まれます。

たとえば、絵本を読んでその続きを自分なりに考えることで、物語の世界がどんどん広がり、自由な発想が生まれるでしょう。

語彙力は、発想を形にするためのツールとなり、子どもが自分の世界を広げ、さまざまな可能性を探求できるようになります。創造力が豊かになると、日々の生活を楽しむ幅も広がります。

8 自己理解が深まる

語彙力が高まると、**自分の気持ちや考えを言葉にできるため、自己理解が深まります。**

自分の感情や考えを言葉にして表現できると、自分を理解することができるため、自己肯定感も育つのです。

子どもが自分自身の内面について気づくことが増え、心の安定にもつながります。

自己理解が深まることで、他人との関わりも豊かになっていくでしょう。

では、子どもの語彙力向上を妨げるイライラの場面を紹介しながら、怒り言いかえフレーズを解説していきます。まずは、0〜1歳への声かけについてです。

第 7 章　「語彙力」を鍛えるフレーズ

こう言いかえて「語彙力」をつけよう

▶ 0〜1歳

状況　何を伝えたがっているのかわからない

✗ 怒りフレーズ

それだけじゃわからないよ！

○ 言いかえフレーズ

これのことかな？
〇〇って言うんだよ。
一緒に言ってみようか？

POINT

　子どもの気持ちを受け止めながら「これのことかな？」と単語を教えることで、語彙力が伸びます。

　単語によって意思疎通する成功体験を得ると、子どもは「自分の伝えたいことがわかってもらえる！」という安心感を持てます。

　一緒に言ってみることが難しい月齢からこのような声かけを自然としておくことで、大きくなってからの語彙力向上につながります。

状況 意味のわからない奇声や大きな声を出す

✕ 怒りフレーズ

静かにして！ うるさいよ！

◯ 言いかえフレーズ

お、そんな声が出るんだね！
何かが見えたかな？

POINT

　子どもが声を出すのは、何かに対する興味を表現している場合と、声を出すこと自体がおもしろくて出している場合があります。

　何かに対する興味を表現している場合は「○○かな？」と具体的な言葉を添えると、語彙力が育つだけでなく、子どもの観察力や好奇心も伸びます。

　また、声を出すこと自体に興味がある場合は、「大きな声が出るね」「そんな声が出ておもしろいね」と共感してみましょう。

　子どもが興味や関心を持っている対象に注目して会話を広げることで、子どもが自分のなかにある語彙を引き出すトレーニングになります。

状況　子どもが物を持って来ているが、
何を伝えたいのかわからない

✕ 怒りフレーズ

またそれ？ いらないよ

○ 言いかえフレーズ

ありがとう！
これは〇〇だね。
これをどうしたいのかな？

POINT

　一つひとつ名前を口にしてあげることで、物の名前を覚えるキッカケになります。
「これをどうしたいのかな？」と、さらに問いかけることで、子どもが考えを言葉にする力を育てられます。
　物を持ってくる行動を肯定的に受け止めることが、大切です。

状況：音楽が流れるたびに興奮して声を上げる

❌ 怒りフレーズ

そんなに騒がないの！

⭕ 言いかえフレーズ

いい音楽だね！
音楽って楽しいね。
一緒に聴いてみよう

POINT

音楽に興奮するのは、子どもの感性が豊かに働いている証拠。

うれしい！ 楽しい！ と感情が動くことで、脳の記憶を司る部分が活性化し、よりその言葉が記憶に残りやすくなります。

一緒に音楽を楽しむ時間を持つことで、感性と語彙力を同時に育てることができます。

第7章 「語彙力」を鍛えるフレーズ

状況 子どもが「ママ、ママ」とひたすら呼び続けている

❌ 怒りフレーズ

何回も言わないで！

⭕ 言いかえフレーズ

たくさん呼んでくれてありがとう。
ママはここにいるよ

POINT

「ママ、ママ」と何度も呼びかけるのは、子どもにとって大切なコミュニケーションの一歩です。

これを拒絶してしまうと、子どもは「ママを呼んでも意味がない」と感じ、安心感が持てなくなってしまうことがあります。

「たくさん呼んでくれてありがとう」と返しながら、「ママはここにいるよ」と伝えることで、子どもは「自分の声が届くんだ」という安心感を得ます。

また、こうしたやり取りをくり返すことで、単語の認識力や言葉を使った表現力が徐々に育まれます。

子どもの気持ちに応え、しっかりと向き合う姿勢が、豊かな語彙力を伸ばすことになります。

> 状況　口に入れた物を吐き出す

✘ 怒りフレーズ

汚い！ やめて！

○ 言いかえフレーズ

どんな味がした？

POINT

　口に物を入れたり、入れた物を吐き出したりする行為は子どもにとっては「未知の味や感覚を探る探究」の一環です。

　どんな味がしたかを問いかけることで、子どもの探求心を引き出すキッカケにしましょう。
「苦いかな？　それとも甘いかな？」と話を広げると、味覚に関する言葉や感覚の表現も自然に身につきます。

　このように、子どもが新たな感覚を経験した場面は、子どもに言葉を使う喜びを教えるチャンスです。

　感じたことを尋ねることで、子ども自ら言葉を発したくなる場面をつくり、子どもがした表現を共に楽しむ姿勢で向き合うことで、子どもの語彙力がより豊かに育ちます。

それではここから、2〜4歳の子にかける言いかえフレーズを紹介します。

▶ 2〜4歳

状況　同じことを何度も聞いてくる

❌ 怒りフレーズ

もう！何度も聞かないで！

⭕ 言いかえフレーズ

調べるとおもしろいよ

POINT

　子どもがくり返し同じ質問をするのは、新しい言葉や情報を吸収しようとしている成長のサインです。「もうやめて！」と言ってしまうと、学びたい意欲を失ってしまう可能性があります。
「一緒に調べてみる？」と提案すると、好奇心を尊重しながら語彙力を育む機会を与えられます。
　また、子どもが調べる過程を楽しむことで、言葉の使い方や新しい表現を覚えていきます。
　このアプローチは、知識を増やすだけでなく、自主性や学びを得ることに対する喜びも同時に育てることができます。

状況 話している内容があいまいで、何を言いたいかわからない

✗ 怒りフレーズ

ちゃんと話してよ！

○ 言いかえフレーズ

これのことかな？
もう少し、くわしく教えてくれる？

POINT

あいまいな話し方になることは、この年齢においては自然なことです。
「ちゃんと話して！」と強く言うと自信を失い、話す意欲が減ります。
　語彙力を増やす上で、話す意欲を高めてあげるように関わることはとても大切です。
「もう少し詳しく聞かせて」とていねいに対応すれば、話す意欲を高め、語彙を増やしながらコミュニケーション力を育てられます。

| 状況 | 急いで何かをしようとしているので、落ち着いてほしい |

✗ 怒りフレーズ

ちょっと待ちなさい！

○ 言いかえフレーズ

どうしたの？

POINT

　急いで行動するのは、何か理由があります。「ちょっと待ちなさい」と制止すると、急ぐこと自体を否定されて間に合わなくなると感じ、気持ちが不安定になることがあります。

　一方で、「どうしたの？」と問いかけることで、子どもの気持ちや行動の理由を引き出せます。これは、子どもが自分の感情を言葉で表現する練習にもなり、語彙力を育てる大切な機会となります。

　さらに、自分の気持ちが受け入れられると安心感を持てるので、自然と落ち着いて行動できるようになっていきます。

状況 こちらの意図をわかってほしい

✗ 怒りフレーズ

わかるよね？

○ 言いかえフレーズ

どう思う？

POINT

「わかるよね？」と押しつけると、子どもはプレッシャーを感じ、話しにくくなります。

しかし、「どう思う？」と投げかければ、自分の考えを言葉にする練習になります。

親子で意見を交換する時間を大切にすると、信頼も深まり、話しやすい関係をつくることができるでしょう。

第7章 「語彙力」を鍛えるフレーズ

状況 同じ物を指差して、何度も「これ何？」と聞く

✗ 怒りフレーズ

さっき教えたでしょ！

○ 言いかえフレーズ

何度も聞くくらい
興味があるんだね。
これは〇〇だよ。
ほかには何が気になる？

POINT

　同じ質問のくり返しは、記憶を強化し、学びを深めている証拠です。

　つい、「さっき教えたよ！」と怒りたくなりますが、質問のたびにていねいに答えると、語彙力と理解力が確実に育ちます。

「ほかには何が気になる？」と、さらに興味を広げる質問をしてみるのもおすすめです。

状況 興奮して、関連性のない話題を次々に話し出す

✕ 怒りフレーズ

ちょっと静かにして！

〇 言いかえフレーズ

たくさんお話ししてくれて
うれしいな。
一つずつ教えてくれる？

第 **7** 章　「語彙力」を鍛えるフレーズ

POINT

　子どもが興奮して次々と話し出すと、ママも理解が追いつかなくなって「ちょっと静かにして！」と言ってしまうことがありますよね。
　毎日忙しい中で気持ちに余裕がないとき、そう感じるのも当然です。
　次々に話をするときは、子どもは伝えたいことがいっぱいで頭の中がフル回転している状態です。
　まず深呼吸して、「そんなに話したいことがあるんだね」と共感してみましょう。
　その後、「一つずつ教えてくれる？」と穏やかに聞くことで、子どもは頭の中で言葉を整理し、順序立てて話せるようになります。

| 状況 | 物の名前を間違えて言う |

✗ 怒りフレーズ

違うでしょ！ それは○○だよ。

○ 言いかえフレーズ

■■って言ったんだね。
似てるけど、
これは○○って言うんだよ。

POINT

　間違えた名前を否定せずに、「似てるよね」「そう思ったんだね」と受け止めると、子どもは安心して学ぶ気持ちを持てます。

　それから、正しい名前を優しく教えてあげると、新しい語彙を吸収する力が自然と育ちます。

　大人にとっては些細なことでも、子どもにとっては大きな発見です。

　間違いを成長の一歩ととらえ、言葉を学んで獲得していく過程を一緒に楽しめるといいですね。

状況 遊びながら「これ取って！」など次々に指示を出してくる

✕ 怒りフレーズ

自分でやって！

○ 言いかえフレーズ

〇〇を取るの？
どんなふうに使うの？

POINT

　指示を出されることにイライラする場合は、「こういう言い方に変えてくれる？」と穏やかな気分になれる言い方を教えてあげるのもいいでしょう。

　私の場合は、「かわいいお母さま、お願いします」と言ってもらうようにしていました（笑）。「どんなふうに使うの？」と聞いて会話を広げることで、語彙力と想像力が刺激されます。

　親が子どもの遊びにつき合ってあげると、楽しい時間が増やせます。

状況 おもちゃ売り場で「あれ！ あれ！」と騒ぐ

✗ 怒りフレーズ

あれじゃわからないでしょ！

○ 言いかえフレーズ

どれが気になったの？
色や形を教えてくれる？

POINT

　おもちゃ売り場は、「あれ」という抽象的な表現を、具体的な言葉に変える練習の場として活用できます。

　物の名前がわからなくても、見えているものを言葉にする練習をさせてあげましょう。

　親が焦らず、子どもが手に取りたいおもちゃを一緒に探すことで、語彙力が自然と育ちます。

> **状況** 何度も同じ絵本を読んでほしいと言ってくる

✗ 怒りフレーズ

またこれ？ 違う本にしてよ

○ 言いかえフレーズ

この本好きなんだね。
今日はどこが一番好き？

POINT

同じ絵本を何度も読んでほしいと言うのは、内容が好きなだけではなく、くり返しのなか（いつもと同じ習慣を行なうこと）で安心感を得ています。

毎回読むたびに新しい発見をしていることも多く、語彙が増え、物語の流れを理解する力も育まれます。「またこれ？」と言いたくなる気持ちはわかりますが、「今日はどこが好き？」と尋ねると、子どもは物語から何かを深く感じ取り、自分の気持ちを伝える力が養われます。

さらに、好きな部分を一緒に楽しむことで、親子の絆が深まり、読書そのものが特別な時間になるでしょう。このようなやり取りを通じて、言葉や感情の表現力が豊かに育つのです。

| 状況 | お友達の言葉をそのままくり返して遊んでいる |

✕ 怒りフレーズ

人の真似ばっかりしないで！

○ 言いかえフレーズ

おもしろいことを覚えたんだね。
ほかにはどんなお話があるの？

POINT

　子どもが言葉を真似るのは、学びのプロセスとして、とても自然なことです。

　真似を通じて新しい表現を吸収し、自分の言葉として使えるようになっていきます。

「人の真似ばかりして」と制止するのではなく、「どんなお話を覚えたの？」と聞き出すことで、言葉への興味をより強くさせられます。

　言葉の使い方を遊びの中で試す経験は、語彙を増やすだけではなく、表現力やコミュニケーション力を高めるキッカケにもなります。

ここからは、5〜9歳にかける怒り言いかえフレーズを紹介していきます。

▶ 5〜9歳

状況 ニュースや本に出てきた言葉の意味を頻繁（ひんぱん）に聞いてくる

✘ 怒りフレーズ

何回もしつこい！

○ 言いかえフレーズ

いい質問だね。どういう意味か一緒に調べてみようか？

POINT

　子どもが何度も質問してくるのは、「もっと知りたい」という探求心の表れです。
　一緒に調べる時間をつくることで、「調べればわかる」という感覚を育てることができます。
　忙しいときは「あとで一緒に調べようね」と約束しておくのもOK。
　小さな疑問に寄り添うことで、子どもが自分で考える力や語彙力を伸ばしていけます。

第7章　「語彙力」を鍛えるフレーズ

| 状況 | 間違った言葉を使っている |

✗ 怒りフレーズ

間違ってるよ、ちゃんと覚えなきゃ

〇 言いかえフレーズ

難しい言葉を使おうとしたんだね。正しくはこう言うんだよ

POINT

　子どもが間違った言葉を使うのは、学びのプロセスの一部です。
「間違ってる！」と指摘するだけでは、子どもが新しい言葉を使うことに消極的になってしまいます。
「その言葉に挑戦したなんてすごい！」とポジティブに受け止めることで、次もがんばってみようという気持ちを引き出せます。
　そして、正しい言葉を優しく教えることで、間違いから学ぶ力も育ちます。
　こうした対応は、語彙力を伸ばすだけでなく、挑戦することへの自信も育てる大切なステップです。

状況 テレビや本で聞いた言葉を真似るが、使い方が間違っている

✕ 怒りフレーズ

使い方が違うよ、恥ずかしいからやめて

◯ 言いかえフレーズ

その言葉を使うなんてすごいね！どういう意味で使ったの？

POINT

　テレビや本で覚えた言葉を使うのは、子どもが「大人みたいになりたい」と思っている証拠です。「すごい言葉を知ってるね！　どうやって覚えたの？」と興味を示すことで、学びの意欲をさらに高められます。

　使い方を間違えていても、まずは大人にあこがれて使ってみたいと思った気持ちや、実際に使ってみたという挑戦を認めてあげるのがポイントです。

状況 正しい言葉を教えると「わかってるよ!」と怒る

✕ 怒りフレーズ

じゃあ間違えないで!

○ 言いかえフレーズ

わかってたんだね。
念のために教えたけど、
もうわかってるなんてすごいね

POINT

「わかってる!」と子どもが怒るのは、自分を否定されたと感じてしまうから。

まず、「わかってたんだね!」と認めてから、「次はこう言うともっといいね」と教えると、素直に話を聞いてくれるようになります。

失敗も成長のプロセスととらえて大らかに見守ってあげましょう。

状況 自分の考えを説明しようとして言葉が詰まる

✗ 怒りフレーズ

ちゃんと説明してよ!

○ 言いかえフレーズ

少しずつでもいいよ。
どんなことを伝えたいのかな?

POINT

　言葉に詰まるのは、子どもが一生懸命考えている証拠です。

　「ゆっくりでいいよ、ママは聞きたいな」と待つ姿勢を見せるだけで、子どもは安心して話せるようになります。

　焦らず最後まで話を聞くと、自分の気持ちを言葉で伝える力が自然と育ちます。

状況 延々と話し続けるが、話のポイントがわからない

✗ 怒りフレーズ

結局、何が言いたいの？

○ 言いかえフレーズ

たくさん話してくれて、うれしいよ。
最後に一番伝えたいことは何？

POINT

　子どもが延々と話し続けるのは、頭の中を整理しようとしているからです。
「どこが一番伝えたいことなの？」と優しく聞くと、考えるヒントを与えられます。
　話を遮らず、最後まで聞いたあとで、話を整理するためのアドバイスをすると、次第に要点をつかむ力が育ちます。

状況　「おもしろかった」「つまらなかった」など、一言で感想を済ませる

✗ 怒りフレーズ

もっとちゃんと感想を言いなさい

○ 言いかえフレーズ

どの場面がおもしろかった？
どんな気持ちになった？

POINT

　具体的な質問をすると、子どもは少しずつ自分の感じたことを言葉にして表現できるようになります。

　このプロセスをくり返すことで、感情や考えを整理し、豊かに伝える力が育ちます。

　また、親子の会話が深まることで、子どもは自分の意見を尊重されていると感じ、自己肯定感も高まります。

状況 言葉が足りず、友達とのケンカがヒートアップする

✗ 怒りフレーズ

もうやめなさい！

○ 言いかえフレーズ

どんな気持ちだったの？
それを友達に
どう伝えたらいいかな？

POINT

　言葉が足りなくて友達とケンカするのは、気持ちを伝える方法を模索している時期によく起こります。
「どうしたかったの？」
「どう伝えたら良かったかな？」
　と話を引き出すと、次に同じ状況が起きたとき、子どもは自分の言葉で解決できるようになっていきます。

最後に、毎日がんばっているママにお話ししておきたいこと

あなたの子どもは100%天才

あなたは十分がんばっている。そして、一人じゃない

　私たちは、「子育てを学ぶ」という機会を与えられないまま、突然育児がスタートします。

　もちろん、育児書などはあるものの、初めての経験でわからないことだらけです。周りと比べて不安になったり、どの情報を信じていいのかわからなくなったりしますよね。

　子どもを育てることは、本当に特別なことで、かけがえのない旅です。

　その旅のなかで、私たちは親である自分自身のこだわりに気づき自己嫌悪に陥ったり、自分の新たな一面に気づき驚いたり、育児を通じていろいろな発見をします。

　それが子育てのリアルであり、美しさでもあります。

　この本を通じてお伝えしたかったのは、「親だからといって完璧ではなくていい」ということ。

　むしろ、親自身が自分を大切にし、自分を育てながら子どもと向き合っていくことが、子どもの非認知能力を伸ばすうえで一番大切だということです。

　毎日がんばっている自分自身を、しっかり認めて、ほめてあげてください。

　できれば、「がんばってるね」と言ってくれる仲間を見つけてください。育児に奮闘しているママはたくさんいます。

　あなたは一人じゃない。

他人と比べないから
正解が見つかる

　子どもたちは、親である私たちが思っている以上に、私たちの愛情や言葉、行動を受け止めています。

　そしてそのなかから、自分の道を見つける力を育んでいます。

「これでいいのかな？」と迷うこともありますが、それは自分が真剣に子どもと向き合っている証拠です。

　非認知能力、つまり、人生を生き抜く力は、日々の小さなやり取りの中で育まれていきます。宿題を一緒に考える時間や、「お風呂に入るのヤダ！」と言う子どもに声をかける瞬間。そのすべてが、子どもの未来につながっていくのです。

　子育てに正解はないと言われますが、私は子ども一人ひとりにとっての正解、親にとっての正解、家庭にとっての正解がそれぞれあると思っています。

　周りと比べての正解ではなく、自分が子育てをしていくうえでの正解を見つけ出すことが大切です。

　そのためには、たくさん子どもを観察してあげてください。何に興味を持ち、何を伝えたいと思っているのか。

　子どもは生まれた瞬間から１００％天才です。

　その天才な子どもの能力を、どうやって引き出し、伸ばしてあげるかは親の関わりにかかっています。

　自分と子どもにとっての正解を見つけ出し、その軸からブレずに子育てすることで、より良い育児ができます。

自分らしい子育てを楽しむ。
それだけでいい

　未来を生き抜く非認知能力を育てるために大切なのが、親である私たちが未来に希望を持ち、ワクワク笑顔で過ごすことだと思います。

　親の笑顔が、子どもにとって一番の幸せになります。子どもと一緒に笑ったり、泣いたり、新しい発見をしたりする中で、「親として」ではなく「一人の人間として」成長していけるのが子育てのすばらしいところです。

　ぜひ、この本で紹介した「言いかえフレーズ」や考え方を試しながら、子どもと一緒に成長する日々を楽しんでください。

　想像力を膨らませ、ありとあらゆる選択肢を空想し、子どもの自由な発想に負けない柔軟性を身につけていきましょう。

　あなたのなかには、すでに「すばらしい親」としての実力が備わっています。それを信じて、今日も笑顔で子どもたちと向き合ってみましょう。

　どうしてもしんどくなったときは、限界が来る前に周りを頼ってくださいね。あなたの味方になってくれる人が世の中にたくさんいます。

　この本が少しでもこれからの育児の参考になればうれしいです。

本書の執筆にあたり、多くの方々の支えがありました。

まず、丹羽満美さん、原稿の作成にたくさんの時間を
かけて手伝ってくれてありがとう。あなたのサポートが
なければ、この本を形にすることはできませんでした。

そして、sunnysmile 協会の会員の皆様。日々の怒って
しまう状況を具体的に教えていただき、本当にありがと
うございました。皆様のリアルな経験や悩みが、本書の
大きなヒントとなりました。

息子へ。あなたが生まれてくれたおかげで、私は母と
してたくさんの気づきを得ることができました。これか
らも一緒に成長していこうね。

そして、いつも支えてくれている家族へ。私の挑戦を
温かく見守り、支えてくれてありがとう。

本を書くことで、多くの方に支えられていることに改
めて気づくことができました。これまで関わってくだ
さったすべての方に、心から感謝の気持ちを伝えたいで
す。

この本が、少しでも多くのママたちの力になればうれ
しいです。

そして、これからも『すべての子どもたちが当たり前
に愛される社会を創る』ために尽力していきます。

工藤いずみ

【特典】
気質を知り、わが子が自主的に動く声かけを

　ここまで読んでいただいたあなたに、「子どもの声かけ診断」ができる、特典を用意しました。

　子どもには、生まれ持った気質があります。気質とは、生まれ持った性格の基礎や行動パターンなど、その人の特徴のことです。

　わが子の気質を理解することで、イライラする場面を減らすことができ、普段の声かけが変わります。

　効果的な声かけができると、"すんなり自主的に動く子"になっていきます。

　わが子はどんなタイプの子なのか、診断してみてください。

　QRコードを読み取り、LINEで質問に答えるだけで簡単に診断できます。

　ぜひ、子どもの気質に合った声かけで能力を引き出してあげてください。

※これらのサービスは予告なく終了することがあります

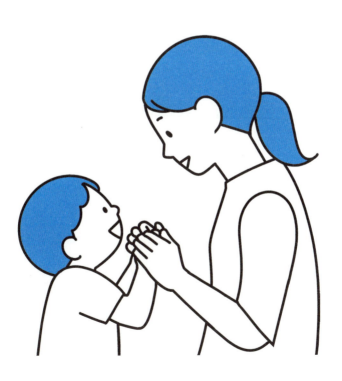

工藤いずみ （くどう・いずみ）

一般社団法人sunnysmile協会代表。
NLPマスタープラクティショナー。
1991年大阪府生まれ。北海道函館市在住。
大阪大学人間科学部にて比較発達心理学を専攻し、子どもの発達についての研究を行なう。卒業後、大手学習塾に入社。新規事業「海外大学進学プログラム」を立ち上げ、エリート教育に携わる。
その後、「『子育てを学ぶ』を当たり前の社会に」「子どもの笑顔のために、まずはママの笑顔から」を理念とする一般社団法人sunnysmile協会を設立。
子育てコーチングや発達心理学を基にした講座の提供を行ない、多くのママたちのサポートに尽力している。
また、言葉ひとつで日々の生活を変化させられるNLP（神経言語プログラミング）の知識を基にした子育てノウハウも好評を博している。
sunnysmile協会には、全都道府県に1000名以上の会員が所属し、350名を超える認定講師が活動している。
「子どもたちが、当たり前に愛される社会を創る」をミッションに掲げ、活動している。

【一般社団法人sunnysmile協会HP】
https://sunnysmile-kosodate.com/

| 工藤いずみ | 検索 |

子どもの能力をつぶさない
イラッとした時の怒り言いかえ手帖

2025年3月27日　第1刷発行

著　者	工藤いずみ
発行者	徳留慶太郎
発行所	株式会社すばる舎
	〒170-0013 東京都豊島区東池袋3-9-7東池袋織本ビル
	TEL　03-3981-8651（代表）　03-3981-0767（営業部）
	FAX　03-3981-8638
	https://www.subarusya.jp/
印刷所	株式会社シナノパブリッシングプレス

落丁・乱丁本はお取り替えいたします
©Izumi Kudo 2025 Printed in Japan
ISBN978-4-7991-1316-5